Pompeji

Pompeji

Erich Lessing / Antonio Varone

KOMET

Umschlagbild:
Paquius Proculus und seine Frau
Fresko im IV.Stil,
65 x 58 cm
Pompeji,Haus VII, 2,6
Archäologisches Nationalmuseum, Neapel

Seite 2
Gemalte Architekturen in einer Landschaft
Fresko des frühen III. Stils,
197 x 194 cm
Aus der Umgebung von Herculanum
Archäologisches Nationalmuseum, Neapel

Rechts:
Tauben
Mosaik im II. Stil,
113 x 113 cm
Pompeji, Haus des Taubenmosaiks

Umschlaggestaltung: Rolli ARTS, Essen
Übersetzung: Diethard H. Klein

Gesamtherstellung:
KOMET MA-Service und Verlagsgesellschaft mbH, Frechen

ISBN:3-89836-171-3

INHALTSVERZEICHNIS

Venus beim Lösen der Sandale

Opus sectile (Marmorintarsie),
1. Jh. n. Chr.,
29 x 24 cm
Pompeji, Triklinium des
Hauses I, 2, 10
Archäologisches Nationalmuseum
Neapel

LANDSCHAFT ZU FÜSSEN DES VULKANS

Bacchus und der Vesuv

Fresko im IV. Stil,
140 x 101 cm
Pompeji, Peristyl des
Hauses der Jahrhundertfeier
Archäologisches Nationalmuseum
Neapel

Bacchus ist mit seinen Attributen (einem Panther und dem mit Efeu und Weinlaub bekränzten Thyrsusstab) hier dargestellt in Gestalt einer riesigen Traube. Hinter ihm ragt der Vesuv auf, dessen Weinberge entscheidend zum Reichtum Pompejis beitrugen.
Die Schlange im Vordergrund ist das Symbol für die Fruchtbarkeit des Bodens.

Am Vormittag des 24. August 79 n. Chr. schien am Fuße des Vesuvs die Zeit ruhig dahinzufließen. Das Land hier war sehr fruchtbar und dicht besiedelt; seine Bevölkerung lebte teils in größeren Städten, teils auf zahlreichen Guts- und Halbpachthöfen, wo eine Vielfalt landwirtschaftlicher Produkte erzeugt wurde. Die Küste war in enger Folge gesäumt von den luxuriösen Landhäusern reicher römischer Aristokraten.

Nichts deutete auf eine bevorstehende Katastrophe hin. In Pompeji hatten sich die Bewohner zu früher Stunde ihren verschiedenen täglichen Beschäftigungen zugewandt, und in den Häusern hatte man schon damit begonnen, das Essen vorzubereiten, das am Abend auf den Tisch kommen sollte. In den Öfen der Bäcker bräunten die runden, rosettenartig geformten Weißbrote, und in den umliegenden Guts- und Bauernhöfen stapelte man die Amphoren und großen irdenen Gefäße für die bevorstehende Ernte auf.

Vom Vorplatz des Venustempels aus konnte man in der Ferne die mit wertvollen Ladungen aus dem hellenistischen Ägypten bestückten Schiffe erkennen, die sich, angetrieben von einer leichten Sommerbrise, zur Landung im Handelshafen anschickten, der an der Mündung des Sarno lag, welcher das zu Füßen des Vesuvs sich erstreckende Tal fruchtbar und grün werden ließ. Als die Mittagsstunde herangekommen war, veranlaßte die aufkommende sommerliche Hitze die Menschen, ihre Tätigkeit zu unterbrechen, um in einer der zahlreichen *Thermopolia**, den Imbißstuben jener Zeit, etwas zu sich zu nehmen und dann die Thermen aufzusuchen, um

Rechts

Bacchus

Fresko im IV. Stil,
81 x 67 cm
Pompeji, Haus des Schiffes
Archäologisches Nationalmuseum
Neapel

Unten

Bacchus und der Vesuv

(Ausschnitt)

sich nach der ermüdenden Arbeit ein entspannendes Bad zu gönnen. Aber plötzlich veranlaßte ein lautes, dumpfes Grollen alle, ihre Blicke auf den Vesuv zu richten, jenen Berg, der über der friedlichen pompejanischen Landschaft aufragte, seinen schützenden Schatten über die Stadt legte und seit Menschengedenken den Hintergrund bot für die Säulengänge des Forums und des Tempels des kapitolinischen Jupiters.

Doch jetzt galten die Blicke nicht den Weinbergen, die sich fast bis zur Höhe des Kraterrandes erstreckten und die Trauben für den hochgeschätzten *Vesuvinum* hervorbrachten. Der Vesuv – seine Darstellung als männliche Figur, die mit einer riesigen Traube verschmilzt, fand man neben einer Bacchusallegorie als Wandmalerei im sogenannten „Haus der Jahrhundertfeier" – zeigte sich den überraschten, ungläubig staunenden Menschen in seiner wahren Natur als Vulkan, bereit zum Werk der Zerstörung.

DER AUSBRUCH DES VESUVS

Aus dem Schlund des Vesuvs, der so viele Jahre ruhig gewesen war, wurden plötzlich mit unvorstellbarer Gewalt Unmengen vulkanischen Materials aschenartig zwanzig-, wenn nicht gar dreißigtausend Meter hoch in die Luft geschleudert, die sich rasch zu einem ungeheuren Pilz in Gestalt einer Schirmpinie formten und den Himmel so verdunkelten, daß der Tag zur Nacht wurde. Zugleich ließen Erdstöße die Mauern der Gebäude wanken und das Meer zurückweichen. Dann prasselte auf die Köpfe der entsetzten Pompejaner ein Regen von *Lapilli** nieder, die der Wind herantrieb und die sich im Verlaufe von zwölf Stunden zu einer an die drei Meter hohen Schicht anhäuften, die sich in die Häuser hineinschob und auf den Dächern lastete, so daß diese zusammenbrachen, und die schließlich alles zudeckte.

In der Nacht zum 25. kam gegen ein Uhr morgens dieses Herausschleudern vulkanischer Materie zum Erliegen, da offenbar der Druck der Gase sich verringert hatte. Doch aus dem Wolkenpilz ergoß sich in den folgenden sieben Stunden ein Hagel geschmolzenenen Gesteins über die Ebene, und sogenannte *Surges**, glühende Wolken aus sehr feinen Ascheteilchen, drangen mit einer Geschwindigkeit von 60 bis 250 Metern pro Sekunde heran, die alle Pflanzen verkohlten und die Menschen erst erstickten und dann unter sich begruben. Der Gesteinshagel, der in Pompeji die schlimmsten Verluste verursachte, vor allem in bezug auf Menschenleben, erreichte die Stadt gegen sechs Uhr morgens. Der Einsturz des Eruptionskraters

* Siehe das Fremdwörterverzeichnis am Schluß des Bandes

führte dann dazu, daß sich über die die Stadt schon bedeckende Schicht von Lapilli nochmals eine 50 bis 150 cm dicke Schicht von zusammengebackener Asche legte, und in den folgenden Tagen kam nochmals eine an die 50 cm hohe Bimssteinschicht hinzu. Dies war die Schlußphase des Ausbruchs, und von nun an bedeckte eine insgesamt mehr als fünf Meter hohe Ablagerung vulkanischen Materials die Stadt und ihre Umgebung.

Nach dem Einsturz des Vulkankegels brachen aus den Spalten des Berges Ströme flüssiger Magma und glühender Lava hervor, die sich auf die Nachbarstadt Herculanum zuwälzten. Sie verursachten eine ungeheure Flut von Schlamm, welcher die Stadt verwüstete und sich schließlich 12 Meter hoch, in Küstennähe sogar 22 Meter hoch auftürmte. Diese Schlammschicht verfestigte sich zu einer Art von Tuffstein, der schließlich wie eine dicke Verpackung die ganze Stadt einhüllte. Auf diese Weise zerstörten zwar vulkanische Materialien zwei antike Städte weitgehend, konservierten dann aber das, was erhalten geblieben war, nahezu unversehrt bis in unsere Zeit.

Hafenansicht
Fresko im IV. Stil,
24 x 26 cm
Aus Stabiae
Archäologisches Nationalmuseum
Neapel

MOMENTAUFNAHMEN DES TODES

Die von der Entfesselung der Naturgewalten überraschten und ihnen fassungslos gegenüberstehenden Pompejaner reagierten auf unterschiedliche Weise. Einige suchten bei den ersten Anzeichen der Bedrohung Schutz vor den herunterprasselnden Steinen in ihren Häusern oder Kellern. Viele von ihnen fanden dadurch den Tod, daß sie erschlagen wurden von den Dächern, die unter dem Gewicht der Steine oder infolge des Erdbebens zusammenstürzten. Man fand in den Häusern zahlreiche Skelette von Menschen, die auf dem Boden ausgestreckt unter Schutt begraben waren, so wie etwa vor einiger Zeit im Haus des Julius Polybius. Erst kürzlich hat man eine Bäckerei ausgegraben (Region IX, 12, 6*), in der man in einem Winkel auf die zusammengedrückten Skelette der Maultiere stieß, die einstmals den Antrieb der zugehörigen Mühle besorgten. Herabstürzende Balken eines Hängebodens hatten den Tieren – die zwar noch aus ihrem Stall hatten entkommen können, aber im Anwesen eingeschlossen blieben, wo die überstürzt aufgebrochenen Menschen sie in der Hoffnung auf Rückkehr hinterlassen hatten – das Rückgrat gebrochen.

---

* Pompeji wurde von den Archäologen des 19. Jahrhunderts in neun Quartiere oder Regionen eingeteilt, die ihrerseits wieder in Insulae oder Häuserblocks gegliedert sind; innerhalb der Insulae sind dann wiederum die einzelnen Häuser numeriert. „Region IX, 12, 6" bedeutet also, daß diese Bäckerei die Nummer 6 im Häuserblock 12 der Region IX ist.

Seeschlacht
(Ausschnitt)
Fresko im IV. Stil,
18,5 x 57 cm
Pompeji, Isistempel
Archäologisches Nationalmuseum
Neapel

Im berühmten Haus des Paquius Proculus fand man das Skelett eines kleinen Hundes, vor dem ein Mosaik am Eingang die Besucher warnte und der sich unter dem Bett des Türstehers (*Atriensis*) verkrochen hatte; das Tier war seinem ererbten Instinkt gefolgt, doch das hatte diesmal seinen Tod bedeutet.

In Herculanum, das von den Folgen des Vulkanausbruchs erst mit Verzögerung getroffen wurde, verblieb der Bevölkerung mehr Zeit, sich in Sicherheit zu bringen. Doch all jene, die ihr Heil darin suchten, über See zu entfliehen, wurden daran gehindert durch eine mächtige Flutwelle, die erst das Wasser vom Land wegzog und es dann mit ungeheurer Wucht wieder zurückschleuderte, weswegen die Schiffe nicht aufs freie Meer gelangen konnten. Man fand an der ehemaligen Küste ein gekentertes Schiff und darunter die Skelette zahlreicher Menschen, die dort vielleicht vergeblich Schutz gesucht hatten und unausweichlich gefangen blieben zwischen dem aufgewühlten Meer auf der einen Seite und der unaufhaltsam heranschwappenden Schlammflut auf der anderen.

Viele Pompejaner versuchten zu flüchten, wobei es einigen gelang, ihre wertvollsten Besitztümer oder jene, an denen sie besonders hingen, mitzuschleppen. Diejenigen, die dabei am meisten Glück hatten, schafften es, innerhalb von ein paar Stunden einen genügend großen Abstand zum Vesuv zu gewinnen oder sich an die Hänge der nahegelegenen Lactarischen Berge zu retten, wo sie Schutz fanden. Andere schwankten noch und irrten wie Phantome durch die Stadt, wobei sie aufs Geratewohl in der Finsternis ihren Weg auf der Schicht herabgefallener Steine suchten, die bereits bis zum Dach der niedrigeren Häuser reichte. Sie begegneten im Laufe dieser endlos scheinenden Nacht dabei jenen, die annahmen, mit dem Aufhören des Hagels der Lapilli sei der Schrecken zu Ende. Aber es gab kein Entrinnen für sie: Die Schockwelle der *Surges* mit ihren glühenden Wolken giftiger heißer Gase traf sie mit ungeheurer Geschwindigkeit, machte sie atmungsunfähig, indem sie ihre Lungen verbrannte, und tötete sie auf der Stelle.

Auf ihre Leichen regnete es glühende Asche, die an ihrer Haut und an ihrer Kleidung festklebte und einen dünnen Film bildete, der jeden ihrer Züge und ihren Gesichtsausdruck abformte. Als die Ascheschicht sich abkühlte und verhärtete, wurde sie zu einer festen Masse, die in ihrem Inneren alle Abdrücke bewahrte, während die von ihr umschlossenen Körper infolge des Verwesungsprozesses, dem jede organische Materie unterworfen ist, zerfielen und nur entsprechende Höhlungen hinterließen.

In dem Museum, das von den Bourbonen, welche die ersten offiziellen Ausgrabungen im Vesuvgebiet veranlaßt hatten, im 18. Jahrhundert in

Portici unweit von Neapel eingerichtet worden war, war in einer Vitrine ein Stück gehärteter Asche ausgestellt, das wie ein Model den vollkommenen Abdruck der Brust eines jungen Mädchens zeigte. Madame de Staël war davon sehr beeindruckt und bewegt, und Théophile Gautier ließ sich davon zu seiner Novelle *Arria Marcella* anregen.

Der Archäologe Giuseppe Fiorelli, der in der zweiten Hälfte des 19. Jahrhunderts durch seine Methoden entscheidend zur fortan wissenschaftlichen Handhabung der Ausgrabungen in Pompeji beitrug, kam auf die Idee, flüssigen Gips in die Höhlungen einzufüllen, denen man auf die Spur kam. So traten nun auf gleichsam wunderbare Weise die schreckverzerrten Gesichter der Opfer des Ausbruchs zutage, der qualvolle Todeskampf des Hundes, der sich erfolglos von seiner Kette zu reißen versuchte, um seinem Schicksal zu entkommen, wurde sichtbar, und die Abgüsse der Körper der verzweifelt und vergeblich flüchtenden Männer, Frauen und Kinder zeigten, wie der Tod sie ereilt hatte, vor dem sie sich noch zu schützen hofften, indem sie den Mund mit ihren Händen bedeckten.

In Oplontis, einem Villenvorort von Pompeji, hat man kürzlich den Körper einer Frau in Kunstharz abgeformt, die noch ihren Schmuck mitgenommen hatte und ein kleines Säckchen mit Münzen, Ringen und wertvollen Steinen. Im Süden der Stadt hat man jüngst Gipsabgüsse von anderen Opfern des Ausbruchs angefertigt, so zum Beispiel von einem Mann, der mit seinem Körper eine schwangere Frau zu schützen suchte.

Vesuvausbruch
(Ausschnitt)
Ölbild von Pierre-Jacques Volaire (1729–1802)
Richmond, Virginia Museum of Fine Arts

Vor einigen Jahren stieß man bei der Ausgrabung der *Insula occidentalis* auf eine ergreifende Szene: Eine Mutter streckt die Arme nach ihrem Kind aus, das der Vater, selbst schon leblos zur Erde sinkend, gerade wegschickte, um sich zu retten. Nichts vergegenwärtigt die Dramatik und Tragik des Vesuvausbruchs stärker als die Abgüsse der Körper der zur Beute des Todes gewordenen kleinen Kinder, deren Formen die hart gewordene Asche bewahrte.

DER BERICHT DES PLINIUS

Plinius der Jüngere, ein außergewöhnlicher Zeuge der Katastrophe, die zum völligen Untergang einer der berühmtesten Stätten Kampaniens führte, hat uns in zwei Briefen, die er an den Geschichtsschreiber Tacitus richtete, eine präzise und bewegende Darstellung der Ereignisse hinterlassen, die den Vulkanausbruch begleiteten und ihm folgten. Der Schriftsteller befand sich zu dieser Zeit in Misenum bei seinem Onkel, Plinius dem Älteren, der Kommandant der prätorianischen Flotte des Tyrrhenischen Meeres war, die vor der Küste ankerte. Er schildert detailgetreu die verschiedenen Phasen des Ausbruchs, die Panik der Bevölkerung, die verzweifelt versuchte, ihrem grauenhaften Schicksal zu entgehen, und den Tod seines Onkels. Dieser ließ zunächst Anker lichten, um mit der Neugier des Wissenschaftlers sich einen genaueren Eindruck von den Geschehnissen zu machen, und entschloß sich dann sofort, als ihm erst einmal der Ernst der Lage klar geworden war, den Menschen zu Hilfe zu eilen, die in der Flucht über See den einzigen Weg zur Rettung sahen. Aber alles war vergeblich: Seine Landungsversuche in Herculanum scheiterten an den ungeheuren Wogen der Sturzflut, die mit donnerndem Getöse über die Küste hereinbrach. Er wandte sich nach dem benachbarten Stabiae, wo ihn wegen der giftigen Gase, die er eingeatmet hatte, rasch der Tod ereilte.

Als das blinde Wüten der Naturgewalten sich allmählich beruhigt hatte, war eine Region, die in der ganzen antiken Welt berühmt gewesen war wegen der Milde ihres Klimas, der Reize ihrer abwechslungsreichen Landschaftsformen, ihrer Fruchtbarkeit und der vielfältigen Aktivitäten ihrer Bewohner, völlig zerstört. Ganze Städte waren verschlungen worden, Straßen waren verschwunden, und die Felder waren unfruchtbar geworden – jenen, welche der Katastrophe entronnen waren, bot sich ein Anblick absoluter Verzweiflung.

AUGE IN AUGE MIT DER ANTIKE

Straße in Pompeji

Die Straßen von Pompeji waren mit Basaltplatten gepflastert und mit breiten Trottoirs versehen. Da sie jedoch keine Abflußöffnungen hatten, waren sie an Regentagen oft unpassierbar. Für solche Fälle waren in Abständen große Lavablöcke eingefügt, auf denen die Fußgänger trockenen Fußes von einer zur anderen Seite gelangen konnten und die trotzdem nicht den Wagenverkehr behinderten. Auf beiden Seiten erkennt man die von den Wagenrädern tief eingegrabenen Furchen. Manche Straßen wurden schon im zweiten vorchristlichen Jahrhundert gepflastert, andere wurden in der Zeit der Kolonie mit Basaltplatten belegt und jedenfalls noch vor der Epoche Julius Cäsars. Wieder andere waren einfach aus gestampfter Erde und blieben ungepflastert.

Die Nachricht von dieser so umfassenden und beispiellosen Katastrophe, die eine Landschaft getroffen hatte, welche die Menschen der damaligen Zeit mit dem Beiwort *felix*, glücklich, belegt hatten, löste in der ganzen damaligen Welt Schrecken und Betroffenheit aus. Der Dichter Martial, ein Freund von Plinius dem Jüngeren, legt vom Entsetzen, das die Zeitgenossen verspürten, Zeugnis ab in einem von tiefer Empfindung geprägten Klagegesang über das tragische Schicksal der Gegend um den Vesuv, das hier in einer neueren Übertragung von Ulrich Gößwein wiedergegeben sei:

Hier ist der Vesuv, eben noch grün von Weinlaubschatten,
hier hatte die edle Rebe triefende Kufen niedergedrückt.
Diese Anhöhen liebte Bacchus mehr als die Hügel von Nysa,
auf diesem Berg machten die Satyrn jüngst noch Reigentänze.
Dies ist der Sitz der Venus, ihr lieber als selbst Sparta,
dieser Ort war durch den Namen des Herkules berühmt.
Alles liegt jetzt in Flammen und trauriger Asche begraben.
Nicht einmal die Götter wollten nun, sie hätten's gekonnt!

Während in Herculanum, das von der sich rasch verfestigenden Schlammflut völlig bedeckt worden war, jeglicher entsprechende Versuch vergeblich war, ging man in Pompeji daran, zu retten, was noch zu retten war, indem man von oben in die Häuser eindrang, deren

Via del Lupanare
Pompeji

Folgende Doppelseite

Fußgängerüberweg
in Pompeji zum Überqueren der Straße an Regentagen

Dächer noch aus der Schicht von Asche und Steinen herausragten. Kaiser Titus leistete einen wichtigen Beitrag, indem er *curatores* ernannte mit der Aufgabe, die Ruinen vor Plünderungen zu schützen; ihnen ist es zweifellos zu verdanken, daß man eine stattliche Anzahl von Bronze- und Mamorstatuen bergen konnte, welche das Forum und andere öffentliche Stätten geschmückt hatten. Aber das Unternehmen mußte bald abgebrochen werden wegen der hohen Risiken und der erheblichen Kosten, die es erforderte. Tiefes Schweigen lag fortan über der Stadt und ihrer Umgebung, und jahrhundertelang gab es menschliches Leben in der von der Naturkatastrophe verwüsteten Region nur sporadisch und am Rande.

Der römische Dichter Statius stellte sich, auf erstaunliche Weise die Gefühle der Menschen unserer Zeit bei Entdeckung der archäologischen Stätten vorausahnend, schon wenige Jahre nach dieser Katastrophe, die ganze Städte ausgelöscht und eine blühende Landschaft unfruchtbar gemacht hatte, zweifelnd die Frage: „Wird eine künftige Generation von Menschen, wenn es zu neuen Ernten kommt und diese Wüsten wieder blühen, glauben können, daß unter ihren Füßen untergegangene Städte mit ihren Bewohnern ruhen und daß die Felder ihrer Ahnen derartig dem Untergang verfielen?“

Und in der Tat: Als viele Hunderte von Jahren später die Ausgräber der Bourbonen in die Erde drangen und die Stadt mit ihren von Säulenhallen gesäumten Straßen und Plätzen, ihren Häusern und Tempeln, Läden und öffentlichen Gebäuden wieder entdeckten, unglaublich gut erhalten unter der Schicht von Lapilli, die zunächst alles Leben ausgelöscht hatte, da standen sie fassungslos vor diesem Wunder.

DIE WIEDERENTDECKUNG POMPEJIS

Goethe, der berühmteste der Besucher, die im 18. Jahrhundert die ersten von den Bourbonen veranlaßten systematischen Ausgrabungen besichtigten, zeigte sich zwar etwas enttäuscht, begriff aber sofort die Bedeutung der Entdeckung von Pompeji, die ein ganz neues Licht auf das Verständnis der Antike warf. Für ihn beruhte, wie für alle kultivierten Menschen seiner Zeit, die Kenntnis der Antike allein auf den schriftlichen Zeugnissen, die die römischen Autoren der klassischen Zeit hinterlassen hatten und in denen sie das Rom der Cäsaren, die Großartigkeit der Säulen und Triumphbögen, der Amphitheater und Kaiserpaläste gerühmt hatten, und auf den erhaltenen Resten dieser Prachtbauten.

Oben

Thermopolium

Garküche in Pompeji,
1. Jh. n. Chr.

Die *Thermopolia* waren eine Art von Stehimbissen, wo warme Getränke (zumeist mit Wasser verdünnter Wein) ausgeschenkt wurden; sie waren in Pompeji sehr zahlreich, denn man ist bisher auf nicht weniger als 89 gestoßen. Man erhielt hier auch kleine Speisen, um die Zeit bis zum Abendessen zu überbrücken. In die gemauerte, mit großflächigem Marmormosaik bedeckte „Theke" sind Tonkrüge zur Aufbewahrung der Speisen eingelassen.

Rechts

Blick vom Thermopolium auf einen Hauseingang

Herculanum, 1. Jh. n. Chr.

Brunnen an einer Straßenkreuzung

Kalkstein, 1. Jh. n. Chr.
Pompeji

Straße in Herculanum

Sogenannter Tiberiusbogen

Pompeji, Via di Mercurio,
1. Jh. n. Chr.

Angesichts dieser von Mörtel mehr schlecht als recht zusammengehaltenen Steinhaufen, dieser oft bescheidenen Wohnstätten und all der meist banalen Funde von Dingen des täglichen Gebrauchs hatte der Dichter gewisse Schwierigkeiten, das Gesehene in Einklang zu bringen mit seinen Träumen vom Glanze des antiken Roms. Am 11. März 1787 schreibt er in seiner *Italienischen Reise* u.a.: „Pompeji setzt jedermann wegen seiner Enge und Kleinheit in Verwunderung ... Selbst ... eine Villa in der Nähe mehr Modell und Puppenschrank als Gebäude." Diese Reste hatten für ihn nicht jenen „klassischen Atem" der Antike, mit denen er seine Vorstellungen genährt hatte. Dennoch verkennt Goethe als Realist nicht die neuen Perspektiven, die diese Ausgrabungen für die Kenntnis des antiken Lebens bringen – Erkenntnisse darüber, wie die Menschen der Antike tatsächlich lebten und wie ihr Dasein Niederschlag fand in den Bauten, den Versammlungsorten und den Malereien auf den Wänden ihrer Wohnstätten. An diesen Wandmalereien rühmt er „die Kunst- und Bilderlust eines ganzen Volkes, von der jetzt der eifrigste Liebhaber weder Begriff, noch Gefühl, noch Bedürfnis hat", und nachdem er sich auch aus naturwissenschaftlicher Sicht durchaus zutreffende Gedanken über das Zustandekommen der Schicht aus Asche und Steinen gemacht hat, schreibt er – und wir finden das heute wohl eher makaber –: „Es ist viel Unheil in der Welt geschehen, aber wenig, das den Nachkommen so viel Freude gemacht hätte. Ich weiß nicht leicht etwas Interessanteres."

Diese Ausgrabungen, die weitergeführt wurden und sich mehr und mehr ausdehnten, galten nicht einem bestimmten Bauwerk, einer einzelnen Ruine oder Grabstätte, sondern man brachte hier die Gesamtheit eines ganzen Stadtwesens ans Tageslicht, das auf einen Schlag aus dem Leben gerissen wurde und seither schlummerte und allmählich seine ganze Vielfalt unserer Zeit enthüllte. Es war die Antike selbst, die hier vor den Augen des modernen Menschen wiedererstand und sich ihm noch in den kleinsten Details in allen Facetten, sogar den intimsten und geheimsten, in zahllosen Nuancen des damaligen Lebens zeigte. Aus dem Schutt erstanden Sitten, Gewohnheiten und Verhaltensweisen einer untergegangenen Gesellschaft.

Oben

Das Forum in Pompeji

Ausschnitt
1. Jh. n. Chr.

Auf den gemauerten Sockeln im Vordergrund wurden Statuen bedeutender Bürger aufgestellt.

Rechts

Szene auf dem Forum

Fresko, Mitte des 1. Jh. n. Chr.
64 x 48 cm
Pompeji, Haus der Julia Felix
Archäologisches Nationalmuseum
Neapel

Die Malerei zeigt die Reiterstatuen, die vor den Portiken aufgestellt waren.

DIE ANFÄNGE DER STADT UND IHRE GESCHICHTE

Apollo
Bronzestatue, 1. Jh. n. Chr.
Pompeji, Apollotempel
(Original im Archäologischen Nationalmuseum Neapel)

Trotz ihrer stilistischen Elemente aus der griechischen Kunst zeigt die Statue in der Harmonie der Massen und der natürlichen Lebendigkeit der Bewegung typisch italische Gestaltung.

Beim Ausbruch des Vesuvs im Jahre 79, der das Ende der Stadt bedeutete, konnte Pompeji auf eine Geschichte zurückblicken, die ihren bekannten Anfang gegen Ende des siebten Jahrhunderts v. Chr. genommen hatte.

Als Platz für die Gründung der Stadt hatte man einen kleinen Hügel gewählt, der bei einem Vesuvausbruch in vorgeschichtlicher Zeit entstanden war und unweit des Golfes lag, wo der Sarno vor seiner Einmündung ins Meer sich zu einer Art von Lagune erweiterte, die sich als ideal für das Anlegen von großen Lastschiffen erwies. Der Ort hatte auch mancherlei Nachteile; so mußte man etwa für die Trinkwasserversorgung besonders tiefe Brunnen bohren. Man kann tatsächlich regelrecht ausschließen, daß sich Pompeji sozusagen „natürlich" aus einer Ansammlung von ein paar Häusern zu einer lebhaften Handelsmetropole entwickelte. Denn es ist gänzlich unlogisch, sich vorzustellen, daß ein relativ hoch am Rande einer weiten Ebene gelegener Ort zum Kreuzungspunkt wichtiger Durchgangswege werden soll, die ihn viel eher umgehen als ihn zu durchqueren. Die Bedeutung des Ortes ergibt sich vor allem aus seiner bemerkenswerten strategischen Lage, die es gestattete, von der Höhe aus nicht nur den Ankerplatz an der Mündung des Sarno zu kontrollieren, sondern die ganze Küste.

DIE OPICER

Ausgrabungen haben im Tal des Sarno mehrere Nekropolen (Gräberfelder, Totenstädte) zutage gefördert und zahlreiche vorgeschichtliche oder frühgeschichtliche Orte. Alle lagen nahe am Fluß, so die kürzlich entdeckte bronzezeitliche Siedlung von San Abbondio nahe der Mündung auf der Gemarkung des modernen Pompeji, die von Sarno nahe einer der Quellen, und auch einige von jenen, deren Existenz im Sarnotal schon zwischen dem 9. und 6. vorchristlichen Jahrhundet bekannt war, wie etwa Striano, San Marzano und San Valentino Torio.

Die Opicer (*Opici*), die gegen Ende der vorgeschichtlichen Zeit diese Siedlungen bewohnten, betrieben Ackerbau, waren seßhaft und zumindest anfangs auch nicht hierarchisch gegliedert. Später dann führten fremde Einflüsse, vor allem aufgrund von Handelsbeziehungen mit der in Cumae von den Griechen in der Mitte des 8. Jahrhunderts v. Chr. begründeten Kolonie, in diesen Gemeinschaften, die alle ausgedehnte Ländereien längs des Flusses besaßen, zu einer Gliederung in verschiedene Klassen. In der führenden Schicht zeigte man gerne, wie die reichen Grabbeigaben belegen, seinen Wohlstand und die Symbole der Klassenzugehörigkeit.

Dieser Rahmen wurde plötzlich gesprengt durch das Auftreten eines völlig neuen und sozusagen revolutionären Elements: dem Entstehen der Stadt.

ETRUSKER UND GRIECHEN UND DER URSPRUNG DER STADT

Die Wahl des Standorts für die Gründung von Pompeji auf einer erhöhten, vorspringenden Stelle der Küste über dem Meer konnte nur strategische Gründe haben: Kontrolle und Schutz der Mündung des Sarno in das Meer und damit der Einfallspforte in das fruchtbare Tal. Im übrigen war dann Pompeji eine Zeitlang von Wällen umgeben, die den ganzen Hügel umzogen, und die Wohnstätten waren auf einen geringen Teil des umschlossenen Gebietes begrenzt, das sich auf die Umgebung des Forums und die Terrasse beschränkte, die sich von dort nach Südosten erstreckt.

Die Gründung der Stadt steht vielleicht in Verbindung mit dem Eindringen der Etrusker in das südliche Kampanien. Dieses Volk, das auch Rom beherrschte, sah sich im Besitz wichtiger Grundstoffe wie

Links

Tuffsäulen

Ende des 2. Jh. v. Chr.
Pompeji, Forum

An der Südostseite des Forums sieht man noch die Säulen aus grauem Tuffstein von Nocera vom ersten Portikus, den gegen Ende der samnitischen Zeit der Quästor Vibius Popidius errichten ließ.

Oben

Säulen des Forums

Ausschnitt

des Eisens, das zu damaliger Zeit sehr gefragt war, weswegen seine Wirtschaftskraft außerordentlich gestiegen war, womit eine starke kulturelle Entfaltung vor allem durch die Handelsbeziehungen zur griechischen Welt einherging. Aber von da an begannen die Etrusker auch die mächtigen und blühenden Kolonien, welche die Griechen entlang der kampanischen und sonstigen Küsten begründet hatten, um ihre eigenen Handelswege zu schützen und zu unterhalten, als Hindernisse für die etruskische Ausbreitung nach Unteritalien zu betrachten.

Oben

Ehrenstele

1. Jh. n. Chr.
Pompeji, Forum

Detail der Ehrenstele, die eine Statue des Quintus Sallustius trug, welcher dem Magistrat von Pompeji als Richter und Zensor angehörte und zugleich als *Patronus* die Interessen der Stadt am Kaiserhof vertrat.

Rechts und folgende Doppelseite

Portikus des Forums in Pompeji mit Travertinsäulen

Ende des 1. Jh. v. Chr.

Zur Zeit des Kaisers Augustus wurden die Tuffsäulen vom Ende des zweiten vorchristlichen Jahrhunderts zum Teil durch Travertinsäulen ersetzt, die in der unteren Reihe dorisch und in der oberen ionisch sind.

Ihre Zivilisation war in erheblichem Maße städtisch geprägt. Es scheint, daß die Etrusker die ansässige Bevölkerung gedrängt haben, sich in eindeutig strategisch ausgewählten befestigten Plätzen anzusiedeln. Diese Annahme wird durch die Tatsache gestützt, daß fast gleichzeitig zwei Städte in der Sarnoebene entstanden: Pompeji zur Bewachung des See- und Flußhafens und am anderen Ende des Tals, wo eine enge Schlucht die Ausläufer des Appenins von den Lactarischen Bergen trennt, Nocera zur Sicherstellung der Kontrolle über die Landverbindungen zwischen dem südlichen Kampanien und Unteritalien. Die Geschichte dieser beiden Städte war in der Folgezeit eng miteinander verbunden.

Während dieser ersten Epoche wurden zwei bedeutende Weihestätten, in der Antike stets wichtige Anziehungspunkte, in Pompeji errichtet. Die erste, in der Nähe des Markt- und Versammlungsplatzes in der Mitte der Stadt, die später zum Forum werden sollte, war dem Apollo geweiht; die zweite war ein dorischer Tempel, der sich auf der Südterrasse erhob und direkt aufs Meer hinausschaute. Er wurde auf einem Felsenkap erbaut, war schon von weitem sichtbar und bildete so auch einen wichtigen Orientierungspunkt für die Küstenschiffahrt. Die Weihe des ersten Tempels an Apollo und die dorischen Säulen des zweiten Tempels belegen den starken Einfluß der griechischen Kultur auf die Etrusker. Bodenuntersuchungen im Inneren des Heiligtums erbrachten einen hohen Anteil von aus Griechenland importierten Gegenständen und auch solche aus *Bucchero*, der für die etruskische Zivilisation typischen schwarzen Töpferware. Einige trugen auch Inschriften in etruskischer Sprache und belegen damit die Anwesenheit von Etruskern sowohl in der Stadt selbst als auch auf der Halbinsel von Sorrent und im Sarnotal bis hinauf nach Nocera. Die enge Verflechtung verschiedener Volksgruppen im südlichen Kampanien während dieser Zeit wird auch belegt durch zwei in Nocera und Vico Equense gefundene Inschriften in einer offenbar in der Region heimi-

schen anderen Schrift, von der sich Zeugnisse in Mittelitalien fanden. Diese Inschriften vermitteln wichtige Aufschlüsse über die italischen Ureinwohner des Sarnotals, die in den ältesten schriftlichen Quellen unter dem Namen Opicer erscheinen.

Oben und rechts

Fragmente des Architravs vom Forumsportikus in Pompeji

1. Jh. v. Chr.

Der unter Augustus in Travertin erneuerte Architrav war die Basis sowohl für eine zweite Säulenreihe als auch für eine Art von Galerie, von der aus man auf den Platz herunterblicken konnte.

DAS AUFTRETEN DER SAMNITEN

Nach dem endgültigen Zusammenbruch der etruskischen Macht, herbeigeführt durch eine Koalition von Griechenstädten, in der Folge der zweiten Schlacht von Cumae 474 v. Chr., erlebte die Region bis gegen Ende des fünften Jahrhunderts dadurch, daß samnitische Stämme von den Höhen des Appenins in die Ebene kamen, eine tiefgreifende Umwandlung.

Die Samniten bemächtigten sich des Gebietes, das die Griechen der Küste, damals unbestreitbare Herren Kampaniens, nach Beseitigung der etruskischen Gefahr lässig geworden, entweder nicht dauerhaft besetzen konnten oder nicht wollten. Pompeji wurde nun eine oskische Stadt, die nach Gewohnheit der Samniten Mitglied eines Städtebundes war, dem unter Führung von Nocera auch Herculanum, Sorrent und Stabiae angehörten.

Die Gründung von Herculanum geht wahrscheinlich auf samnitische Zeit zurück. Es war eine kleine Bergfeste auf einem felsigen Sporn über dem Meer zwischen zwei Flüßchen zu Füßen des Vesuvs. Die Grabungen haben bisher nichts zutage gefördert, was über das vierte vorchristliche Jahrhundert zurückreicht, wenn auch die antiken Quellen von einem weit älteren Ursprung erzählen: Die Stadt soll von Herkules gegründet worden sein und anschließend unter anderem den Opicern, den Etruskern und schließlich den Samniten gehört haben. Die bisherigen Grabungen beschränken sich freilich bisher auf einen kleinen Bereich der ehemals bewohnten Fläche, knapp fünf Hektar.

In samnitischer Zeit beginnt Pompeji zu wachsen. Annähernd quadratische Häuserblocks entstehen östlich der Via Stabiana, die dann in römischer Zeit, sich zur Porta Vesuvio verlängernd, zur *Cardo* genannten Nord-Süd-Achse der Stadt wird. Die Stadt wächst dann vor allem nach Norden weiter in dem Bereich, der heute als Region VI bezeichnet wird und in der frühesten Zeit, obwohl sehr belebt, nicht zum eigentlichen Stadtzentrum gehörte. Hier entstand sozusagen das Villenviertel der samnitischen Oberschicht, das in langgestreckte Rechtecke gegliedert war und sich längs der Via di Mercurio erstreckte, der nördlichen Verlängerung der Via del Foro. Die Wohnstätten dieser reichen Samniten erhielten sich über die Zeiten hinweg bis zum Untergang der Stadt im Jahre 79, ohne daß es zu wesentlichen Veränderungen in der Anlage und Gestaltung gekommen wäre.

Neue, mächtigere Befestigungen wurden errichtet, für die man nun nicht mehr wie für die früheren das örtliche tuffartige Lavagestein verwendete, sondern den härteren, granitartigen Kalkstein der Ausläufer des Appenins an den Quellen des Sarno. Diese Befestigungen wurden dann, zweifellos unter dem Eindruck der Feldzüge Hannibals gegen Ende des dritten vorchristlichen Jahrhunderts, verstärkt und dann, Ende des zweiten Jahrhunderts, ergänzt und verschönert durch eine Reihe regelmäßig konstruierter fester Türme in gleichmäßigem Abstand, die weiß gekalkt Wache über der Ebene hielten und Symbol für die Macht der Stadt waren.

HANNIBAL IN KAMPANIEN

Die Einfälle und Plünderungen durch die Armee Hannibals, eines der größten Feldherren der Antike, im Sarnotal im Verlaufe des Zweiten Punischen Krieges fügten der gesamten Region schwere Wunden zu. Nocera, die Hauptstadt der oskischen Föderation Südkampaniens, die nach den samnitischen Kriegen treue Bundesgenossin Roms geworden war, wurde von den Karthagern belagert und zerstört. Zahlreiche Einwohner fanden Aufnahme in benachbarten Städten, insbesondere in Atella, wohin sich die Hauptmasse der Bevölkerung geflüchtet hatte, um dort den Wiederaufbau der Heimatstadt abzuwarten.

Nach dem Ende der Punischen Kriege erlebte Pompeji eine weitere Erweiterung nach Osten. Neue rechteckige Häuserblocks entstanden langs der beiden großen *Decumani*, der Ost-West-Achsen, also der Via di Nola im Norden und der verlängerten Via dell' Abbondanza im Süden, womit sich die bebaute Fläche nun erstreckte bis an die östliche Stadtmauer. Die vulkanische Kuppe, die schon die Alten in weiser Voraussicht in früher Zeit mit Mauern umgeben hatten, war nun nahezu völlig überbaut.

Bei neueren stratigraphischen Bodenuntersuchungen in diesem Gebiet stellte man fest, daß hier schachbrettartig angeordnete, um einen Innenhof angelegte Häuser mit einem rückwärtigen Nutzgarten erbaut worden waren, die alle nicht sehr groß, aber absolut identisch waren. Als sich in der Folgezeit durch den Wiederaufbau von Nocera der Bedarf an Wohnraum verringerte, wurden diese Häuser dann wieder abgebrochen, um Platz für ausgedehnte Grünflächen zu gewinnen;

man legte Weinfelder an oder Gärten, wo Blumen angebaut wurden, die zur Gewinnung von Essenzen für die Parfümherstellung dienten.

DIE PRACHT DER LETZTEN SAMNITISCHEN ZEIT

Portikus des „dreieckigen Forums" in Pompeji

2. Jh. v. Chr.

Dieser Portikus ist einer der Reste des sogenannten „dreieckigen Forums", eines der ersten öffentlichen Plätze der Stadt, angelegt in der zweiten Hälfte des zweiten vorchristlichen Jahrhunderts.
Als Teil einer wohlüberlegten Gesamtkonzeption ist das dreieckige Forum sowohl architektonisch wie von seiner Bestimmung her an das Theaterviertel angebunden.

Gegen Ende seiner samnitischen Epoche, in den letzten Jahrzehnten des zweiten vorchristlichen Jahrhunderts, erlebte Pompeji eine der glanzvollsten Perioden seiner Geschichte. Die neuen Handelsverbindungen, vor allem in den Orient, die die jetzigen Bundesgenossen Roms der italischen Welt im Mittelmeerraum zubrachten, führten zu weiterem Wohlstand für eine Gesellschaft, in der die herrschende Klasse ohnehin schon über ein solides wirtschaftliches Fundament verfügte, das begründet war durch die großen landwirtschaftlichen Güter, die Latifundien. Der Reichtum, den die Geschäftsleute dank des einträglichen Seehandels ansammeln konnten, fand im glänzenden Leben der Stadt seinen Niederschlag.

Gegen Ende des Jahrhunderts war Pompeji von lebhafter und anspruchsvoller Bautätigkeit geprägt. Ein Portikus mit zwei aufeinandergesetzten Säulenreihen, die untere in dorischem und die obere in ionischem Stil, Einflüsse verschiedener Epochen und Herkunft verbindend, verlieh dem zentralen Platz, dem Forum, einen monumentalen Anstrich. Der Jupitertempel, das bedeutendste religiöse Bauwerk, bildete, in der Längsachse des Platzes liegend, im Norden den krönenden Abschluß. Östlich des Tempels wurde gegen Ende des zweiten Jahrhunderts dann das *Macellum* errichtet, der Fleisch- und Fischmarkt, und dann südwestlich als Gerichtsgebäude die *Basilica*, das öffentliche Hauptgebäude und der Mittelpunkt des städtischen Lebens, wo man sich traf, um seine Geschäfte zu besprechen und sich über die Tagesereignisse zu informieren.

Noch eine weitere wichtige öffentliche Anlage entsteht in dieser Zeit, und zwar beim dorischen Tempel. Der unregelmäßige, in etwa dreieckige Platz erhält der Stadt zugewendet einen monumentalen Eingang und Propyläen aus ionischen Säulen und gewinnt eine präzise Ausrichtung durch einen dreiseitigen Portikus, der sich nach Süden verlängert und einen großartigen Ausblick bietet auf das Meer und die Lactarischen Berge im Hintergrund.

Dieser Platz, auf dem sich auch schon eine Sportanlage befand, wird dann gekonnt verbunden mit dem südöstlichen Hang der felsigen Kuppe, in den die Sitzreihen für ein großes Freilichttheater gegraben werden. Der dorische Tempel, der sozusagen den Abschluß des

„Vorplatzes" für das Theater bildet und die Weihestätte für die Gottheit war, zu deren Ehren die Aufführungen dort stattfanden (denn ursprünglich waren dies Mysterienfeiern), ist einbezogen in eine architektonische Gesamtanlage von rein hellenistischer Prägung. Sie wird ergänzt durch einen großen Portikus hinter der Bühne, der als Foyer für die Pausen zwischen zwei Aufführungen diente und die gleiche Aufgabe auch für ein zweites, kleineres und überdachtes Theater nebenan wahrnahm, in dem „lyrische Vorstellungen" stattfanden, also Gedichtvorträge mit Lyrabegleitung.

Allerdings konnte dieses umfangreiche Bauprogramm nicht mehr während der samnitischen Periode zum Abschluß gebracht werden. Die Ereignisse überstürzten sich, und es drohte der Aufstand der italischen Völker gegen Rom. Im Unterschied zu vorangegangenen Kriegen ging es für die Samniten diesmal nicht darum, ihre Vormachtstellung zu bewahren oder gar die Unabhängigkeit gegenüber einer Macht, die inzwischen einen guten Teil der Welt erobert hatte, sondern darum, das so begehrte römische Bürgerrecht zu erhalten, das so viele rechtliche und wirtschaftliche Vorteile bot.

Oben

Altar

Marmor, 1. Jh. n. Chr.
Pompeji, Tempel des Vespasian

Rechts

Opferszene

(Ausschnitt des obigen Altars)
Marmorrelief, 1. Jh. n. Chr.

Der den Plünderungen nach dem Vesuvausbruch entgangene Altar ist auf der dem Forum zugewandten Seite mit einem Relief geschmückt, das eine Opferszene darstellt. Der Stifter führt mit einem Helfer den zum Opfer bestimmten Stier herbei, während der Priester, den Kopf mit einem Schleier bedeckt, über einem Dreifuß die Weihehandlung vornimmt. Im Hintergrund sieht man einen Flötenspieler und die Liktoren mit den Ehrenzeichen des Senats; „Ministranten" tragen das für die Zeremonie erforderliche Zubehör herbei.

POMPEJI WIRD ZUR KOLONIE

Während des römischen Bürgerkriegs der Jahre 90 bis 88 v. Chr. leisteten die italischen Bundesgenossen den Heeren Sullas Widerstand. Pompeji wurde belagert, und noch 170 Jahre später, beim Ausbruch des Vesuvs, gab es Zeugnisse der dramatischen Ereignisse dieser Zeit: An manchen Straßenecken fanden sich noch Hinweise in oskischer Sprache, um den zur Verstärkung herbeigeeilten Truppen der befreundeten Städte mitzuteilen, wie sie sich entlang der Mauern aufstellen sollten, um sie gegen den anstürmenden Feind zu verteidigen. Doch alles war vergeblich – Pompeji wurde zur Kapitulation gezwungen, und Herculanum ging es nicht anders.

Nach der Einnahme durch die Truppen Sullas wurde Herculanum zum „Municipium" erklärt, Pompeji dagegen im Jahre 80 zur Kolonie nach römischem Recht. Von da an war es, wie auch die anderen Städte der Region, strikt abhängig vom politischen, verwaltungsmäßigen, gesellschaftlichen und wirtschaftlichen Kurs der neuen Herren. Diese vertrieben die bisher herrschende oskische Aristokratie aus ihren Führungsstellungen und bemächtigten sich der großen Landgüter, auf denen sie prächtige Villen errichteten, wodurch Pompeji, wie auch andere Städte Kampaniens, zu einem von den reichen Römern

Das Odeon von Pompeji

Cavea und *Proedria*
1. Hälfte des 1. Jh. v. Chr.

Das überdachte Odeon oder „Kleine Theater“ mit seinen 1500 Plätzen war bestimmt für „lyrische Aufführungen“, also das Rezitieren von Dichtungen unter Lyrabegleitung.
Die Kante der Balustrade, die die *Cavea* (den Zuschauerraum) von der *Proedria* (den „Proszeniumslogen“ mit breiteren Bänken für die Honoratioren) trennt, ist geschmückt mit einem feinen Tuffsteinrelief, das die Pranken eines geflügelten Löwen darstellt. Weiter oben erkennt man, ebenfalls aus Tuffstein, die männliche Figur eines *Telamons*.

geschätzten Erholungsort wurde. Denn einerseits lockte das angenehme Klima und die Schönheit der Landschaft die Wohlhabenden an, andererseits boten die besondere Fruchtbarkeit des Landes und dessen Bearbeitung durch billige Sklaven die Garantie für hohe Renditen im landwirtschaftlichen Bereich und sichere Einkünfte aus Grund- und Immobilienbesitz. Man kennt zahlreiche Namen römischer Aristokraten, die in Pompeji Grundbesitz hatten; der bekannteste davon in den Zeiten der römischen Republik ist zweifellos der des berühmten Redners und Politikers Marcus Tullius Cicero (106–43 v. Chr.), von dem viele in seinem geliebten *Pompeianum* geschriebene Briefe erhalten blieben.

Das Odeon von Pompeji
1. Hälfte des 1. Jh. v. Chr.

Die Architektur dieser Zeit ist naturgemäß orientiert an den Gewohnheiten der neuen Herren. Die samnitische Oberschicht wurde enteignet, und ihre stattlichen Anwesen gingen in die Hände der römischen Besetzer über, die sie entsprechend veränderten. Der Jupitertempel wurde, als sichtbares Symbol der römischen Herrschaft über die ehemals selbständige und nun zur Kolonie herabgesunkene Stadt, zum Kapitol; die Stabianischen Thermen wurden restauriert, und es entstanden neue Badeanlagen nahe beim Forum. Auf einer künstlichen Terrasse – die man anlegte, damit der neue Bau von See her ebensogut sichtbar war wie der dorische Tempel – errichtete man einen Tempel, der der Venus (der Schutzgöttin Sullas, die gleichgesetzt wurde mit der hier bereits verehrten Göttin der Schöpferkraft der Natur) geweiht wurde. Unter dem Namen „Colonia Cornelia Veneria Pompeianorum" weihte man die ganze Stadt „dem Kult der Pompeianischen Venus".

Um eine neue gerade Achse an der Nordwestseite der Stadt zu bekommen, scheute man nicht davor zurück, die prächtige Villa des Diomedes in zwei Hälften zu teilen. Andererseits erhielt das Theaterviertel seine krönende Ergänzung durch den Bau eines gedeckten „Vortragssaales" (des Odeons), und am äußersten südöstlichen Stadtrand wurde ein Amphitheater mit 20.000 Plätzen errichtet, das älteste erhalten gebliebene und vielleicht schon in samnitischer Zeit geplant.

DIE ZEIT DES KAISERS AUGUSTUS

Unter der Regierung des Kaisers Augustus (27 v. Chr. – 14 n. Chr.), mit der die römische Kaiserzeit beginnt, wird die Architektur ausdrücklich repräsentativ und pompös. Augustus betrachtete es als seine Aufgabe, eine Regierungsform zu festigen, die der nunmehrigen Welt-

Telamon

Pompeji, Odeon
Tuffsteinskulptur,
1. Hälfte des 1. Jh. v. Chr.

Die Telamonen (Trägerfiguren von Architekturteilen, so viel wie Atlanten) aus Tuffstein im Odeon von Pompeji sind typische Zeugnisse für den Fortbestand hellenistischer Bildhauertraditionen, die dort auch in den frühen Zeiten der römischen Herrschaft noch sehr lebendig waren.

macht Rom angemessen war, und dabei waren ihm Anerkennung und Zustimmung durch die Bevölkerung wichtig. Denn seine Herrschaft beruhte im Grunde nur auf der monopolartigen Handhabung bestimmter Kompetenzen, die noch die alte republikanische Verfassung vorgesehen hatte, also eigentlich auf einer juristischen Fiktion. Die Überleitung der republikanischen in eine monarchische Regierungsform erforderte breite Unterstützung durch die städtischen Verwaltungen der Halbinsel.

Theatermaske
Ausschnitt eines Freskos im II. Stil,
118 x 60 cm
Pompeji, Region VI, *Insula occidentalis*, 4
Archäologisches Nationalmuseum
Neapel

Dabei setzte der Kaiser auf die Zustimmung des Großbürgertums, und für seine Bemühungen bietet gerade Pompeji ein gutes Beispiel, zumal Augustus im Rahmen einer Verwaltungsreform Latium und Kampanien zu einer Verwaltungsregion vereinigt hatte. Es läßt sich verfolgen, daß die alteingesessenen Patrizierfamilien, die vor der Entmachtung und Enteignung durch Sulla die Stützen des Systems gewesen waren, schon zu Beginn der Kaiserzeit wieder in ihre alten Machtpositionen einrücken. Augustus bezeugt ihnen seine Gunst, ernennt einige ihrer Angehörigen zu Rittern und verschafft ihnen handfeste Pfründen; mit Wohlwollen beobachtet er, wie sie wieder den Rang als Spitzen der Gesellschaft einnehmen, den schon ihre Vorfahren innehatten. Im Gegenzug betreiben weite Schichten der Bevölkerung einen regelrechten Kaiserkult unter Anführung der *Augustalen* oder Augustuspriester, reicher Freigelassener, denen man nun aufgrund ihrer wirtschaftlichen Macht und ihrer unternehmerischen Fähigkeiten endlich auch eine gewisse öffentliche Rolle zugesteht, wenngleich ihnen wegen ihrer unfreien Geburt auch noch der Zugang zu Magistratsämtern versagt bleibt. Diese betreiben die Errichtung großartiger öffentlicher Bauten und finanzieren sie oft auch (oder ergänzen die staatlichen Mittel dafür) und unterstützen damit wirkungsvoll die Stimmung zugunsten des Kaisers.

Nach Wiederherstellung des sozialen Friedens geht es aber auch darum, die Segnungen der „neuen Ordnung" zu manifestieren durch Maßnahmen, die dem Wohlstand dieses neuen „goldenen Zeitalters" sichtbaren Ausdruck verleihen. Das Stadtbild wird bereichert durch Marmor und Statuen; auf dem Forum werden die bisherigen Tuffsäulen ersetzt und ergänzt durch Kolonnaden aus Travertin, einem dekorativen Stein von der Farbe weißen Marmors. Die alte Pflasterung wird ebenfalls durch Travertinplatten ersetzt, in die man eine lobrednerische Inschrift in Bronzebuchstaben einsetzt. Die Hauptgebäude der Stadt werden restauriert, vergrößert und verschönert. Die Holconii, Weinerzeuger und Weinexporteure, stiften für das große Theater eine

Die Schlägerei im Amphitheater

Fresko, entstanden zwischen
59 und 79 n. Chr.
169 x 185 cm
Pompeji, Haus I, 3, 23
Archäologisches Nationalmuseum
Neapel

Oben und rechts

Tepidarium

Pompeji, Forumsthermen
1. Jh. v. Chr.

Die Architekturdekoration in Helldunkelmalerei und die Telamonen aus Terrakotta, die zwischen tiefen Nischen das Tonnengewölbe stützen, stammen aus der Entstehungszeit des Bauwerks zu Beginn des 1. Jh. v. Chr. Der polychrome Stuck der Wölbung, ausgeführt im IV. Stil, ist hingegen eine Ergänzung aus der Zeit der Wiederherstellung nach dem Erdbeben des Jahres 62. Die große Kohlenpfanne am Boden diente zum Heizen des Raumes. Die Füße der Bronzebänke laufen in Tierpfoten aus und sind mit Kuhköpfen geschmückt – eine Anspielung auf ihren Stifter, einen gewissen Nigidius Vaccula („Kühlein").

obere Galerie, außen mit einer Doppelarkade versehen, und widmen sie dem Augustus. Ein gewisser Tullius läßt auf ihm gehörendem Gelände einen der Fortuna Augusta geweihten Tempel errichten, und zur Hebung der von Augustus nachdrücklich geförderten paramilitärischen sportlichen Aktivitäten errichtet man unweit des Amphitheaters eine neue Sportanlage mit einem großen Schwimmbecken in der Mitte. In Herculanum läßt ein anderer Bürger namens M. Nonius Balbus eine Basilika errichten und kümmert sich um die Ausbesserung der Stadtmauer. Ein weiteres gewaltiges Unternehmen, nämlich der Bau eines Aquädukts zur Versorgung der in Misenum, im Golf von Neapel, ankernden Flotte mit Wasser aus den Bergen, sichert schließlich auch die Versorgung von Herculanum und Pompeji mit Frischwasser nicht nur für die öffentlichen Brunnen und die Thermen, sondern auch die Privathäuser. Nun werden auch die Gärten bereichert durch Springbrunnen und Statuen und Nischen, die dekoriert werden mit Mosaiken aus farbiger Glaspaste, ja mit ganzen künstlichen Grotten, in denen sich während heißer Nachmittage beim sanften Gemurmel der Wasserspiele die wohlhabenden Großbürger und ihre Gäste erholen.

UNTER DEN NACHFOLGERN DES AUGUSTUS

Die Nachfolger des Augustus, insbesondere Tiberius, setzen diese propagandistisch geprägte Politik fort, deren greifbarstes Zeugnis die Architektur darstellt. Eines der eindrucksvollsten und typischsten Beispiele dafür ist der Bau, den die Priesterin Eumachia auf dem Forum für die Zunft der Tuchwalker errichten ließ, der auch die Wollhändler, Färber und Wäscher angehörten, und das wohl den verschiedensten Geschäftszwecken jener Gewerbe diente. Sein prachtvolles Vestibül war mit Statuen geschmückt und mit Inschriften zum Gedächtnis der berühmten Vorfahren der Familie der Julier, also der Kaiserfamilie. Der östlich des Jupitertempels erbaute Triumphbogen schloß das Forum an der Nordseite ab, und in seinen Nischen waren wahrscheinlich Statuen von Mitgliedern der Kaiserfamilie aufgestellt; den Bau krönte eine Reiterstatue. Ein zweiter, weiter nördlich an der gleichen Straße errichteter Triumphbogen, am Beginn der prachtvollen Perspektive der Via di Mercurio, war wahrscheinlich dem Kaiser Tiberius gewidmet.

Zur damaligen Zeit herrschte also in Pompeji für mehrere Jahrzehnte Wohlstand und Ruhe. Doch im Jahre 59 brachen plötzlich heftige Streitigkeiten aus zwischen den Einwohnern von Nocera und jenen von Pompeji: Eine heftige Schlägerei zwischen Bewohnern bei-

der Städte im Amphitheater wurde von der Zentralgewalt brutal beendet, die den Ausbruch einer Volkserhebung befürchtete. Der Grund für den Zwist war, daß Kaiser Nero der Stadt Nocera pompejanisches Gebiet zugeschlagen hatte, als er sie zur römischen Kolonie machte.

DIE ERDBEBEN VOR DEM VESUVAUSBRUCH

Am 5. Februar des Jahres 62 wurde Pompeji jäh aus seiner Ruhe gerissen durch ein schweres Erdbeben. Trotz der beträchtlichen Schäden hatte die Stadt die Kraft, sich sofort an deren Beseitigung zu machen, und die Wiederherstellung sowohl der öffentlichen Gebäude wie vieler Privathäuser verwandelte Pompeji für viele Jahre in eine riesige Baustelle. Die Bewohner bewiesen außergewöhnliche Energie, indem sie bei dieser Gelegenheit sogar zusätzliche neue Bauten errichteten, wie etwa die gewaltigen Zentralthermen, die an der Kreuzung von Via di Nola und Via Stabiana einen ganzen Häuserblock belegten, oder den Tempel der *Lares Publici*, auf dem Forum vielleicht als eine Art von Sühnetempel zu dem Zweck erbaut, die Götter zu beschwören, auf die Wiederholung eines solchen *prodigiums* wie des Erdbebens zu verzichten.

Auch der Staat unterstützte die Wiederaufbauarbeit der Pompejaner; erster Förderer war Nero, der in Inschriften oft samt seiner Frau Poppaea, die aus Pompeji stammte, gepriesen wird, nach ihm dann Kaiser Vespasian, dem ein Tempel auf dem Forum geweiht wurde. Trotz aller Anstrengungen kamen bestimmte Projekte nicht mehr zum Abschluß, und außerdem verwüsteten neue Erdstöße kurz vor dem Vesuvausbruch die Stadt wiederum. Neueste Forschungen haben ergeben, daß es auf diese neuen Erdstöße und nicht auf das Erdbeben von 62 zurückzuführen ist, daß bestimmte öffentliche Gebäude nicht benutzt werden konnten und daß man bei manchen Häusern gerade mit dem Wiederaufbau beschäftigt war.

Als dann der Vesuvausbruch vom 24. August 79 n. Chr. alles Leben in Pompeji beendete, war die Stadt noch damit beschäftigt, die Schäden zu beheben, die ihr durch verschiedenen Erdstöße zugefügt worden waren. Der Vesuv mit den Weinbergen an seinen Hängen, der wie ein mächtiger Beschützer die Stadt in seinem Schatten zu bergen schien, wurde zum feurigen Finger, aus dem die zerstörerischen Gewalten der Natur auf Pompeji hereinbrachen und sein Schicksal besiegelten.

Links

Calidarium

Pompeji, Forumsthermen
1. Jh. v. Chr.

Der für das Warmbad bestimmte Raum ist an seiner Nordseite ausgestattet mit einer großen Marmorschale, in die sehr heißes Wasser aus großen Kesseln geschüttet wurde. Das *Caldarium* wurde mit heißem Dampf beheizt, der durch Tonröhren zwischen dem Boden und dessen Belag geleitet wurde und durch weitere Tonröhren zwischen den Wänden und dem Verputz in die Höhe stieg. Dadurch wurde der ganze Raum zu einer Art von riesigem „Heizkörper". Durch die Kanneluren, die an der Decke zu sehen sind, wurde der Dampf im Raum selbst ebenfalls nach oben gelenkt. Das außerdem hier befindliche *Labrum*, ein Kaltwasserbecken mit Fontänen, diente zur raschen Abkühlung. Um den Beckenrand läuft eine Inschrift in Bronzebuchstaben, die an die Magistratsbeamten erinnert, welche dieses Becken einrichten ließen, und auch die Summe festhält, die aus öffentlichen Mitteln dafür aufgewendet wurde: 5.250 Sesterzen.

Unten

Marmorbecken im Caldarium

Ausschnitt

POMPEJIS KULTURELLE PRÄGUNG

Die Alexanderschlacht bei Issos
Ausschnitt: Dareios
Mosaik im I. Stil aus
dem Haus des Fauns in Pompeji
Archäologisches Nationalmuseum
Neapel

Die Funde aus der frühesten Geschichte der Stadt lassen keine ausreichenden Schlüsse auf die sich dort entwickelnde Zivilisation zu. Da die bei den Grabungen aus dieser Zeit gefundenen Reste dürftig sind, erwies es sich als ziemlich schwierig, sich auch nur in groben Zügen ein Bild von der damaligen Kultur zu machen. Erst die Zeugnisse aus der zweiten samnitischen Periode zu Beginn des dritten vorchristlichen Jahrhunderts erlauben uns einigermaßen eine Vorstellung von der Anlage, den Grundrissen und der Dekoration bestimmter Wohnstätten.

Doch ehe wir uns dieser Epoche zuwenden, sollten wir uns etwas eingehender beschäftigen mit den Oskern, die zu dieser Zeit in Pompeji lebten, und insgesamt mit der italischen Bevölkerung samnitischen Ursprungs, zu der die Osker zählten, welche bisher die Geschichtsschreibung zu wenig gewürdigt hat.

KULTUR UND NEIGUNGEN WÄHREND DER SAMNITISCHEN EPOCHE

Die Italiker, Verfechter einer gänzlich neuen politischen Idee, nämlich des Föderalismus, hatten das Pech, sich in einer entscheidenden Phase ihrer Geschichte gegen Rom zu stellen und dabei zu unterliegen. Die für die Römer siegreich verlaufene Schlacht von Sentinum 295 v. Chr. führte dazu, daß die Geschichte der Osker dem Vergessen anheimfiel. Denn da es immer die Sieger sind, die die Geschichte schreiben, haben die Geschichtsschreiber der Antike – welche fast zwangsläufig die Dinge aus

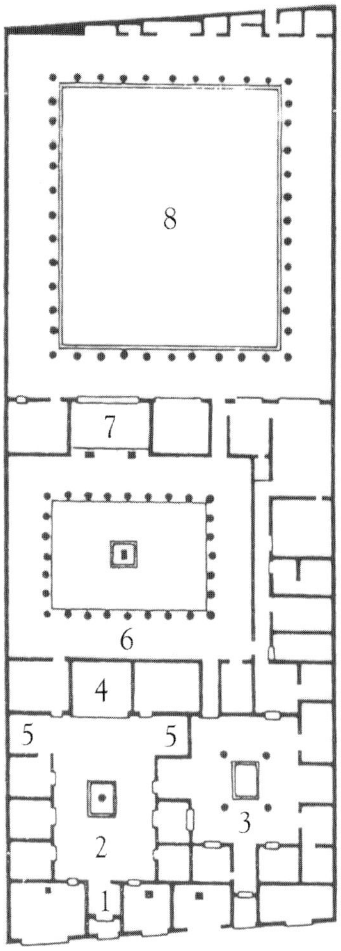

Rechts

Haus des Fauns, Grundriß

1 Vestibül
2 Hauptatrium
3 Vier-Säulen-Atrium
4 Tablinum
5 Alae
6 Erstes Peristyl
7 Exedra
8 Zweites Peristyl

römischer Sicht sahen – die Samniten in ungünstigem Licht dargestellt und sie geschildert als wilde, kriegerische Bergstämme mit den primitiven Sitten von Naturvölkern. Nicht eine Zeile ihres Schrifttums, kein einziger ihrer Texte wurde übersetzt, als ob es sich hier um ein völlig ungebildetes Volk gehandelt habe. Zweifellos spielt dabei auch die große Anziehungskraft eine Rolle, welche Rom auf die unterworfenen Völker ausübte.

Aber wenn man Cicero liest, der von den scharfsinnigen und tiefen Diskussionen über die Vorzüge des Alters zwischen dem bedeutenden pythagoreischen Philosophen und Mathematiker Archita und dem Vertreter der samnitischen Aristokratie Gaius Pontius Samnita berichtet, die in Tarent vor Platon stattfanden, einem großen Freund des Archita, gewinnt man einen Eindruck von der intellektuellen Bedeutung der italischen Zivilisation in der Mitte des vierten vorchristlichen Jahrhunderts. Es ist doch völlig unvorstellbar – auch wenn wir uns hier mehr auf die Wahrscheinlichkeit als auf nachprüfbare Fakten stützen müssen –, daß Platon oder Archita solche tiefsinnigen Diskussionen geführt hätten mit einem ungebildeten Menschen; es ist doch vielmehr ganz unzweifelhaft, daß dieser völlig vertraut war mit den kulturellen Werten der griechischen Welt. Ganz sicher beschäftigte sich die samnitische Oberschicht, der Gaius Pontius angehörte, viel lieber mit solchen Themen als mit den gewöhnlichen Problemen des Alltagslebens.

Die Archäologie hat uns den Beweis geliefert für die enge Verbindung der Italiker mit der Kultur der griechischen Welt. Die Grabbeigaben, die ausgemalten Gräber, die aufgefundenen Kunstgegenstände legen Zeugnis ab für eine im zivilen wie militärischen Bereich bestens durchorganisierte Gesellschaft, die stark hellenistisch geprägt war und über eine feinere Lebensart verfügte als die römische Zivilisation.

Unten

Rekonstruktion der Atriumdekoration im Haus des Fauns

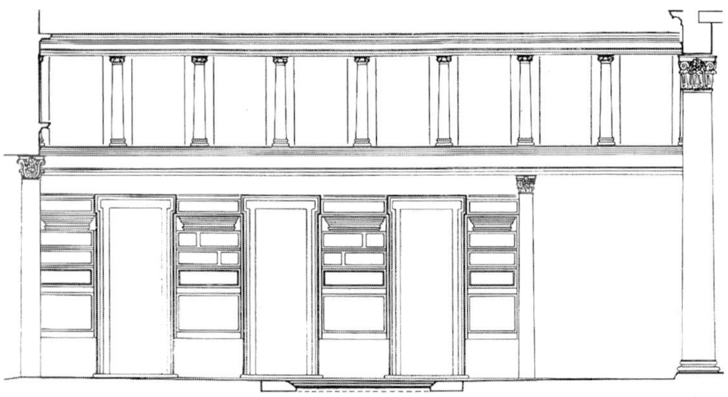

DAS ATRIUMHAUS

Pompeji vermittelt uns mit seiner Gesamtanlage, seiner Stadtplanung und seinen öffentlichen Gebäuden anschaulich das Lebensgefühl der dort lebenden Samniten und den auf sie einwirkenden Einfluß der griechischen Kultur. In der Stadt blieben großartige Wohnstätten erhalten, die Zeugnis ablegen von samnitischer Prachtentfaltung und uns ganz exakte Kenntnisse vermitteln über die Bau- und Gestaltungsprinzipien dieser Epoche.

Im „Haus des Chirurgen“ (VI, 1, 10) oder dem „Haus des Sallust“ (VI, 2, 4)* und ähnlichen läßt sich bis heute trotz späterer Veränderungen

* Die heutigen Bezeichnungen bestimmter Häuser beziehen sich zumeist nicht auf die tatsächlichen seinerzeitigen Besitzer, die sich nur höchst selten feststellen ließen, sondern gewöhnlich auf bestimmte Funde, die man dort gemacht hat.

Vier-Säulen-Atrium

2. Jh. v. Chr.
Pompeji, Haus der Silberhochzeit

Bodenbelag

Travertin, Schiefer und grüner Kalkstein
I. Stil, 2. Jh. v. Chr.
Pompeji, Tablinum im Haus des Fauns

Der Bodenbelag mit seinen Rauten in verschiedenen Farben , der das perspektivische Bild von Würfeln vermittelt, unterstrich die Bedeutung des Raumes, in dem der Hausherr von ihm Abhängige empfing. Diese Art der Dekoration, die sich auch in Tempeln fand, sollte (wie dort auch) dem Ort, an dem der städtische Amtsträger, auf einer Art von Thron sitzend, offizielle Audienzen gab, den Eindruck von Würde sichern.

Rechts

Impluvium im Haus des Fauns in Pompeji

2. Jh. v. Chr.

Das Impluvium im Hauptatrium ist gerahmt von einer profilierten Einfassung aus weißem Marmor und hat einen Belag aus Kalkstein in verschiedenen Farben in Form von zu geometrischen Mustern gegliederter Rauten, typisch für die Bodenbeläge des I. Stils. In seiner Mitte eine Kopie der Bronzestatuette des tanzenden Fauns (Original heute im Museum von Neapel), ein Meisterwerk griechischer Kunst.

Unten

Bodenbelag

Ausschnitt aus dem Tablinum im Haus des Fauns

der ursprüngliche, für die Häuser der italischen Oberschicht im dritten vorchristlichen Jahrhundert typische Grund- und Aufriß erkennen mit einer strengen Fassade aus würfelförmigen Kalk- oder Tuffsteinblöcken und einem vorgesetzten Vestibül, das die Front in zwei Seitenflügel gliedert, die gelegentlich zur Straße hin geöffnet waren und dort Läden enthielten, die von Hausbewohnern betrieben wurden. Hinter dem Vestibül liegt als Mittelpunkt des Anwesens das *Atrium*, ein Innenhof, auf den sich verschiedene kleinere Ruhe- und Aufenthaltsräume öffnen; hier spielt sich das tägliche Leben ab. In seiner Mitte liegt das *Impluvium*, ein nicht sehr tiefes Becken, in welchem das im *Compluvium* (einer Öffnung im nach innen geneigten Dach, das auch für die Belichtung sorgt) aufgefangene, für den Haushalt genutzte Regenwasser gesammelt und in die darunter gelegene Zisterne geleitet wird. Die Räume haben kaum Öffnungen nach außen, ausgenommen gelegentlich kleine, schießschartenartige Fenster mit schrägen Leibungen, um für etwas mehr Helligkeit zu sorgen. In der Längsachse des Vestibüls befand sich auf der gegenüberliegenden Seite des Atriums das *Tablinum*, das Empfangszimmer des Hausherrn, dessen Name sich ableitet von den ehemals hier aufbewahrten *Tabulae*, den Familiendokumenten oder Akten; jetzt empfing hier der Hausherr seine *Clientes*, Leute, die auf die eine oder andere Weise von ihm abhängig waren und kamen, um ihm entweder ihre Dienste anzubieten oder ihn um Beistand und Schutz zu bitten. Zu beiden Seiten des Tablinums befanden sich zwei *Alae*, türlose und zum Atrium hin völlig offene Räume, in denen früher Götterbilder zur Verehrung und die zum Schutz des Hauses angerufenen Gedenkbilder der Ahnen aufgestellt waren und die nun zum Empfang von Freunden genutzt wurden. Hinter dem Tablinum lieferte ein kleiner Garten das Gemüse für die täglichen Mahlzeiten.

DAS „REIHENHAUS"

Das vorstehend geschilderte Atriumhaus darf jedoch nicht als der überwiegende Haustyp betrachtet werden. Neuere Grabungen im südöstlichen Teil der Stadt längs der Via di Nocera haben eine von dem bedeutenden Fachgelehrten Hoffmann entwickelte Theorie bestätigt. Genauere Untersuchungen von eng beieinander liegenden Häusern in der Parzelle 11 der Region I haben den Nachweis dafür erbracht, daß es vom Ende des dritten, spätestens aber vom Beginn des zweiten vorchristlichen Jahrhunderts an in Pompeji einen vom Atriumhaus der Wohlhabenden völlig verschiedenen zweiten Haustypus gab.

Tanzender Faun

Bronze, Original aus dem 2. Jh. v. Chr.
Höhe: 71 cm
Pompeji, Haus des Fauns
Archäologisches Nationalmuseum
Neapel

Diese Häuser sind nebeneinander an der Straße aufgereiht, haben einheitlich eine Frontbreite von äußerstens zehn Metern und eine überbaute Fläche von rund 120 Quadratmetern. Ein etwa drei Meter tiefer Flur, der zwei Räume an der Vorderseite trennt, mündet nicht in ein Atrium, sondern in einen großen, über die ganze Breite verlaufenden Raum, der weniger als zehn Meter breit und höchstens fünfeinhalb Meter tief ist. Dieser Aufenthaltsraum ist das Herz des Hauses und stellt die Verbindung her zu kleineren, allenfalls vier bis fünf Meter tiefen Räumen an der Rückseite; diese öffnen sich auf einen Korridor, der wieder auf einen kleinen Hinterhof führt, welcher wohl als *Hortus*, als Gärtchen angelegt war.

Neuere Forschungen haben ähnliche Häuserformen ans Licht gebracht; wir dürfen darin wohl die Wohnstätten einer ziemlich einheitlichen Mittelschicht sehen, die zwar gesellschaftlich keine große Rolle spielte, aber sich dennoch eine bescheidene eigene Häuslichkeit für die Familie leisten konnte. Diese Gebäude lassen auch in bezug auf die verwendeten Materialien und die Bauweise den Zug zur Sparsamkeit und kostengünstigen Erstellung spüren. Die blockweise Errichtung solcher Häuser in einem Neubaugebiet am Stadtrand könnte sich erklären durch den Zuzug vieler Familien aus benachbarten Städten, insbesondere Nocera, aufgrund der Verwüstungen durch die Heere Hannibals. Für diese Häuser, auf die man alsbald bei der nächsten Bauwelle ein Obergeschoß aufsetzte, ist (so klein sie auch immer sein mögen) das grundsätzliche Vorhandensein eines Gärtchens an der Rückseite typisch, das nicht

nur einen wichtigen wirtschaftlichen Beitrag zum Familienunterhalt leistete, sondern auch Ausdruck für ein bestimmtes Lebensgefühl und eine soziale Stellung war.

DAS ATRIUM – AUSDRUCK VON PRESTIGE UND REPRÄSENTATION

Die Entwicklung der Wohnarchitektur in den Kreisen der Wohlhabenden ist Ausdruck des Wohlstandes dieser Stadt, die enge Handels- und Kulturbeziehungen zur hellenistischen Welt aufzubauen vermochte und es sich daher leisten kann, selbst ein eindrucksvolles und prächtiges Bild zu bieten. Die herrschenden Kreise, die während dieses zweiten vorchristlichen Jahrhunderts große Vermögen anhäufen konnten, haben die Vorbilder der tonangebenden Kultur voll angenommen und zögern nicht, mit ihr zu wetteifern.

Während ein Zug zum Monumentalen die öffentlichen Bauten beherrscht, was zu einer Vervielfachung von Kolonnaden, Portiken und Prunkbauten ganz allgemein führt, bemühen sich die Honoratioren darum, auch ihrem privaten Bereich eine Art von offiziellem Anstrich zu geben als Echo des öffentlichen Lebens und Ausdruck ihrer Stellung in der Gesellschaft. Diese Gesellschaft wird mit fester Hand beherrscht von einigen wenigen Familien, die im Vollgefühl ihrer Macht und Bedeutung durch den Bau glanzvoller, oft Königspalästen nicht nachstehender Wohnsitze ihrer

Maskenfries
Mosaik im I. Stil,
49 x 280 cm, aus dem
Haus des Fauns in Pompeji
Archäologisches Nationalmuseum
Neapel

Oben und rechts
Ausschnitte vom Maskenfries

Stellung und Machtfülle Ausdruck verleihen. Dadurch ändern sich die Grundrisse der Gebäude, ohne jedoch jemals ihre Ursprünge zu verleugnen. Die traditionelle Grundstruktur bleibt erhalten, wird aber erheblich erweitert und durch neue Räumlichkeiten mit zusätzlichen Verwendungszwecken ergänzt. Bestimmte Architekturelemente, wie Säulen und Kolonnaden, die bisher öffentlichen Bauten vorbehalten waren, werden nun auch im privaten Bereich als zur Repräsentation unentbehrlich erachtet.

Man ist, insbesondere in der Region VI, dem Villenviertel der damaligen Zeit, auf zahlreiche Häuser mit doppeltem Atrium gestoßen, so das Haus des Fauns (VI, 12, 2-5), Haus des Labyrinths (VI, 11, 9-10), Haus mit dem großen (VI, 8, 20-22) und dem kleinen Mosaikbrunnen (VI, 8, 23-24), Haus des Silberzeugs (VI, 7, 20-21) und auch das Haus der Jahrhundertfeier (IX, 8, 6). Die beiden nebeneinanderliegenden Atrien haben unterschiedliche Aufgaben. Das eine, den Wohn- und Gesinderäumen zugeordnet, bleibt streng der privaten Nutzung vorbehalten; das andere dient als eine Art von Büro unter offenem Himmel, in dem der Geschäftsmann seine Kunden empfängt oder der Inhaber öffentlicher Ämter vertraulich politische Fragen, Rechtsfälle und die städtischen Angelegenheiten erörtert. Es ist insbesondere nach einer bekannten Formulierung des berühmten römischen Architekten Vitruv auch der Ort, an dem sich der einfache Bürger einfinden kann, ohne ausdrücklich gerufen worden zu sein. Auch weitere Räume des Anwesens sind eindeutig als Empfangs- und Besprechungszimmer konzipiert, und ihre Anlage und Ausgestaltung ist ganz darauf ausgerichtet, die Bedeutung desjenigen zu betonen und hervorzuheben, der hier Mitbürger oder von ihm Abhängige empfängt.

Auch die nur um ein einziges Atrium angelegten Häuser haben die Aufgabe, dem Besucher den gesellschaftlichen Rang und die Bedeutung des Hausherrn vor Augen zu führen. Daher nimmt dieses an Fläche zu, um das Impluvium ragen nun – wie im Haus der Silberhochzeit (V, 2, i), wo sie die Balken des Daches und des Compluviums tragen – vier hohe und mit prächtigen Kapitellen geschmückte Säulen auf, die einen geradezu theatralischen Effekt erzeugen und dem Prunk eines hellenistischen Palastes nicht nachstehen. Das wird besonders deutlich beim „korinthischen" Atrium im Haus der Dioskuren (VI, 9, 6), wo die Zahl der das Dach tragenden Säulen auf zwölf steigt, oder im Haus der Diadumeni (IX, 1, 20), wo sie sogar sechzehn erreicht.

Man errichtet aber auch große Atrien ohne Säulen in tuskanischem Stil, bei denen in bescheidenerer italischer Tradition hölzerne Baluster die tragende Funktion übernehmen; auch in ihnen kann der Wohlstand

des Hausherrn sichtbaren Ausdruck finden. Denn Baumstämme von entsprechender Stärke und Länge, um das schwere und ausladende Dach zu tragen, sind gar nicht leicht zu beschaffen, und weil die erforderliche schwierige Technik der Arbeiten nur von hochrangigen Spezialisten beherrscht wird, ist die Anlage eines Atriums dieser Art so teuer, daß nur die wenigsten aus der pompejanischen Oberschicht sie sich leisten können. Die meisten entscheiden sich daher für einen Innenhof mit vier Säulen, der erheblich weniger aufwendig ist und doch elegant und zugleich intim wirkt. Für welchen Typ des Atriums man sich auch entscheidet – es soll stets dem Haus Großartigkeit verleihen und Eindruck machen und den gesellschaftlichen Status des Besitzers unterstreichen. Über die Dekoration hinaus, die natürlich für diesen Ort der Repräsentation eine besondere Rolle spielt, wird der Rang der Familie auch durch die architektonische Gestaltung an sich betont, wie es das zuverlässig rekonstruierte Atrium im Haus des Fauns belegt, das mit einer oberen Etage versehen ist, die mit ihrer Reihung von Säulen eine Art von Loggia bildet.

DAS HAUS IN GRIECHISCHEM STIL

Die hellenistische Architektur des pompejanischen Hauses durchlief wichtige Stadien der Veränderung. Seine Ausdehnung wuchs, und der Bereich hinter dem Tablinum, ursprünglich ein bescheidenes Gärtchen, verwandelt sich nun in eine Gartenanlage, die von Säulenreihen in Form von schattenspendenden Portiken umgeben ist: das Peristyl. Der

massive Einsatz von Säulen, typisch für die öffentliche griechische Architektur sowohl im religiösen wie zivilen Sektor, bringt (wie etwa beim *Gymnasium*) die Massen zur Geltung und verleiht dem Ganzen ein gewisses Prestige. Dieses Peristyl mit seinen mächtigen Säulen wird nunmehr, im Herzen des Privatbereichs gelegen, zum neuen Zentrum des Gesellschaftslebens. Denn rings um die Portiken werden nun weitere Aufenthalts- und Repräsentationsräume angelegt, alle nach griechischem Vorbild: *Oeci*, *Exedrae*, *Diaetae*, *Triclinii*, *Bibliothecae* * usw.

Der Amtsträger, der im Atrium seine Angelegenheiten erörtert und den von ihm Abhängigen zur Verfügung steht, empfängt seine Freunde im Peristyl; dort pflegt man ausgedehnte Unterhaltungen und verlängert den Tag durch aufwendige Diners, bei denen Kandelaber und Fackeln die Schatten der Nacht vertreiben. Der Garten, in dem nun an die Stelle der kräftigen Gerüche der im Haushalt verwendeten Gemüse und Kräuter der zarte Duft von Rosen und anderen dekorativen Pflanzen getreten ist, ergänzt jetzt den großbürgerlichen Wohnsitz, der durch hohe fensterlose Mauern von der Außenwelt abgeschottet ist, um ein Stück Natur, für die man zunehmend Gefühl und Bedürfnis entwickelt. Der von Portiken umrahmte Garten, Ort der Repräsentation ersten Ranges und Symbol der Prachtentfaltung und zugleich funktionaler Raum als Verbindung der sich auf ihn öffnenden weiteren Zimmer, ist von nun an Schnitt- und Mittelpunkt des häuslichen Lebens.

Uferszene am Nil

Mosaik im I. Stil,
70 x 333 cm, aus dem
Haus des Fauns in Pompeji

Dieses Mosaik aus winzigsten farbigen Moaiksteinchen schmückte die Schwelle der durch zwei Säulen vom ersten Peristyl abgegrenzten Exedra, deren Fußboden mit dem berühmten Alexandermosaik bedeckt war.
Die Szenerie am Nilufer mit den verschiedensten Tieren und Pflanzen ist eine Anspielung auf die Eroberung Ägyptens durch Alexander in der Folge der Schlacht bei Issos.

---

* Siehe Fremdwörterverzeichnis

Die Unterwasserwelt

Ausschnitte
Mosaik im I. Stil aus dem
Triklinium im Haus des Fauns
in Pompeji
Archäologisches Nationalmuseum
Neapel

GRIECHISCHE EINFLÜSSE AUF DEN SAMNITISCHEN PALAST

Das Haus der samnitischen Epoche wird dank seiner Pracht und Ausdehnung mehr und mehr zum Palast. Wenn auch ein geräumiges Haus nicht gleich Ausdruck von ungeheurem Luxus sein muß, so bietet doch Pompeji ein besonders eindrucksvolles Beispiel für den Reichtum der damaligen italischen Welt. Das Haus des Fauns, das schließlich noch um ein zweites, noch größeres Peristyl erweitert wird, steht einem Herrscherwohnsitz nicht nach. Mit seiner Grundfläche von dreitausend Quadratmetern ist es ausgedehnter als der Palast in Pergamon und wird diesbezüglich nur übertroffen vom Säulenpalast in Ptolemais im heutigen Libyen, der ehemaligen Residenz des ägyptischen Statthalters (3300 qm), und dem mazedonischen Herrschersitz in Pella (über 5200 qm). Obwohl in einem gänzlich anderen politischen und gesellschaftlichen Umfeld entstanden, können die Wohnsitze dieser Epoche nur verglichen werden mit den Schlössern herrschender Dynastien und den großen Repräsentationsbauten als Ausdruck königlicher Macht.

DIE DEKORATIVE PLASTIK

Die Ausschmückung dieser Wohnsitze liefert uns wertvolle Hinweise auf die Vorstellungswelt und den Geschmack dieser Gesellschaft von „Bürger-Fürsten". Für den Bau verwendete man gewöhnlich grauen Tuffstein von Nocera, der ebenso fest und beständig ist wie der derbere Kalkstein, aber doch auch leicht zu bearbeiten. Viele Steinmetze spezialisieren sich auf die Bearbeitung dieses örtlichen Materials und gewinnen dabei rasch hohe handwerkliche und künstlerische Fähigkeiten. Es entwickelt sich eine regelrechte Serienproduktion, insbesondere von kannelierten Säulenschäften und Kapitellen zur Verschönerung der Privathäuser.

Die Anfertigung dorischer Kapitelle wurde erleichtert durch den Einsatz von Drehbänken, die eine Produktion in sozusagen „industriellem" Umfang ermöglichte und damit zu erschwinglichen Preisen führte. Ionische Kapitelle, also solche mit Voluten, oder korinthische, geschmückt mit stilisierten Akanthusblättern, erforderten dagegen erfahrene Handarbeit. Die Geschicklichkeit der Steinmetzen wurde alsbald weithin bekannt und begründete in der italischen Region eine von Qualität und Erfindungsreichtum geprägte kunsthandwerkliche Tradition, von der die beiden Sphinxe mit ihren fast kalligraphisch gestalteten Flügeln Zeugnis geben, die ursprünglich wahrscheinlich den Eingang einer Grabkammer bewachten und später eine neue

Verwendung zur Dekoration eines Landhauses im Umland fanden. Am interessantesten sind die mit Figuren versehenen Kapitelle, denn sie bringen, wie bei öffentlichen Bauten, das bildhauerisch gestaltete figürliche Element in die architektonischen Strukturen ein.

DIE WANDMALEREI: DER I. STIL

Die Unterwasserwelt
Ausschnitt
Mosaik im I. Stil
Pompeji, Haus VIII, 2, 16
Archäologisches Nationalmuseum
Neapel

Die Wandmalerei verschafft uns tiefe Einsichten über den Geschmack und die kulturellen Interessen der samnitischen Patrizier in Pompeji; sie breitet ein ganzes Programm aus, in dem sich die Weltanschauung der Auftraggeber widerspiegelt.

Die Wandmalerei in Pompeji, die sich natürlich im Laufe der Zeit gemäß den Entwicklungen und Ansprüchen der Gesellschaft veränderte, wurde von August Mau in vier unterschiedliche Stile gegliedert, deren Numerierung von I bis IV sich durchsetzte und deren jeder sich auf eine bestimmte Epoche der Stadtgeschichte bezieht. Der I., auch „strukturell" genannte Stil beherrscht unbestreitbar die samnitische Zeit. Als wahrhaft internationale künstlerische Ausdrucksform, die sich in den verschiedensten Kunstgattungen auswirkt, ist er so gut wie überall in der hellenistischen Welt verbreitet. Seine Hauptaufgabe ist zunächst die Verkleidung der oft aus dürftigen Materialien in bescheidener Technik errichteten Mauern durch eine Stuckschicht, die so bearbeitet und bemalt wird, daß der Eindruck einer Wand erweckt wird, die als Teil einer sorgfältig durchdachten architektonischen Struktur aufwendig aus sorgsam behauenen Steinblöcken erbaut wurde. Infolgedessen stößt man auf Beispiele dieses I. Stils besonders häufig in den Häusern der nicht den ganz so großen Aufwand pflegenden Reichen, woraus man schließen kann, daß diese Art der Dekoration besonders geschätzt war bei den zwar Wohlhabenden, aber nicht unbedingt Superreichen. Doch kann man hier auch schon ein ganz neues Phänomen verfolgen: Die Malerei, die ursprünglich eine architektonische Struktur vortäuschen sollte, verselbständigt sich und bildet ganz unabhängig eine originale Formensprache aus, die sich entwickelt vom Organischen zur Abstraktion oder, anders ausgedrückt, von der Illusion zur Allusion, also zur Andeutung oder Anspielung.

Die pompejanischen Handelsherren befuhren die Meere des hellenisierten Orients und hatten Kontakt mit Kunst und Kultur hochentwickelter Gesellschaften; sie waren natürlich daran interessiert, dank ihres Handels reich zu werden, aber es ging ihnen auch darum, einen neuen Lebensstil einzuführen. Daher ließen sie sich in der Heimat jene von Säulen umstandenen Innenhöfe nachbauen und die großzügigen Wohnsitze, in denen man unter

Katze, einen Vogel schlagend
Mosaik im I. Stil
Pompeji, Ala im Haus des Fauns
Archäologisches Nationalmuseum
Neapel

Freunden gepflegte philosophische Gespräche führte oder lange Stunden mit Banketten verbrachte. Doch sie konnten zwar ihre Häuser vergrößern und sie den prachtvollen Wohnsitzen der Stadtherrscher vergleichbar machen, die sie auf ihren Reisen kennengelernt hatten – der dortige Glanz des Marmors aber blieb ihnen versagt, denn in Italien selbst gab es ihn damals so gut wie nicht, und die Einfuhr in den erforderlichen Mengen war auch nicht möglich. Obendrein gab es auch keinerlei heimische Tradition in bezug auf die Bearbeitung des Materials. Man ließ sich also die Imitation des Marmors einfallen, indem man Stuck in den Tönen von Serpentin, Cipollin und anderen wertvollen Marmorarten färbte und auch die Äderungen und Streifen nachahmte. Farbe und Effekt des Marmors verbinden sich mit strenger, absolut geometrischer Gestaltung der aufgemalten Scheinarchitektur, bei der über einem dunklen Sockel eine Basis aus großen Platten oder Quader-Vorderfronten aufsteigt, über der wiederum kleinere Rechteckquader in regelmäßigen horizontalen Lagen aufgeschichtet sind. Diese Malereien gehen über die Ecken hinweg von einer Wand zur anderen über und erzeugen durch ihren verhüllenden Charakter einen bewußten Abstand zur Realität, die typisch werden wird für die weiteren Stile der pompejanischen Wandmalerei. Über den rechteckigen Blöcken schließt ein stark vorspringendes Gesims aus weißem Stuck die oft sehr hohe Wand ab, über dem, wie etwa im Haus des Julius Polybius (IX, 13, 3) noch eine gemalte Scheinloggia aufragen kann mit Halbsäulen aus Stuck. Alle diese Elemente, die den repräsentativen Charakter des Ganzen hervorheben sollen, unterstreichen die Höhenwirkung und sind eine wichtige Ergänzung der tatsächlichen Architektur. In den beiden Peristylen des Hauses des Fauns zum Beispiel sind die Streifen rechteckiger Quader eingefaßt von Wandpfeilern (Stuck-Halbsäulen), die, über die ganze Höhe angeordnet, im rhythmischen Widerspiel mit den Säulen des Portikus einen Eindruck von Ausdehnung des Raumes vermitteln, in dem sich bereits die Vorliebe für perspektivische Täuschungen ankündigt, die so typisch sein wird für den II. Stil.

Im selben Atemzug scheint die Dekoration der Friese mit Weinlaub und Weinranken, welche die wirklich im Garten vorhandenen Blumen und sonstigen Pflanzen ergänzt, das pulsierende Leben der Natur verlängern zu wollen, das man nun in die Mauern des Hauses hereinholen konnte.

BODENBELÄGE UND MOSAIKEN

Figürliche Darstellungen, die die Absicht der Architekturimitation von den Wänden verbannt hat, breiten sich dafür am Boden aus. An die Stelle gestampfter Erde oder eines gelegentlich geometrisch angeordne-

ten Belags aus Lavaplatten in den gewöhnlichen Häusern trat in den Wohnstätten der Reichen das großartige *Opus vermiculatum*, das eines der Wunder der hellenistischen Architekturtradition war. Diese Mosaikteppiche mit ihren kostbaren schwarzweißen Umrandungen und ihren motiv- und abwechslungsreichen Bordüren zeigen in ihrer Mitte ungemein effektvolle vielfarbige Darstellungen mit oft symbolischem Bezug aus Mosaiksteinchen von vielfach weniger als einem Millimeter Seitenlänge. Häufig handelt es sich dabei um Reproduktionen berühmter hellenistischer Malereien, bei denen in Stein die kühne Farbenpracht der Originale besonders gut zur Geltung kommt.

Auch hier ist es wieder das Haus des Fauns, in dem sich die interessantesten und berühmtesten Beispiele fanden. Reiche Mosaiken schmückten die Zimmer der Hausfrau und des Hausherrn und die Gästezimmer, wie etwa die Darstellung einer Katze, die einen Vogel schlägt, eine Uferszene am Nil, den auf einem Panther reitenden Dionysos oder die unvergleichliche Darstellung der Unterwasserwelt mit ihrer kontrastreichen, poetischen Farbenpracht, die wie ein Farbkatalog von Wassertieren wirkt und unbestreitbar den Rang eines Meisterwerkes für sich beanspruchen darf. Das berühmteste Fundstück aber war zweifellos das riesige Mosaikbild aus zwei Millionen Steinchen in der mit zwei korinthischen Säulen geschmückten Exedra, die sich zum ersten Peristyl öffnet; es stellt den Sieg Alexanders des Großen über den Perserkönig Dareios bei Issus dar. Die Bronzestatue des tanzenden Fauns, die so wirkungsvoll das Impluvium des „öffentlichen" Atriums schmückt, ein kleines Meisterwerk griechischer Kunst, kann ja vielleicht auch anderswo erstanden und nach Pompeji geschafft worden sein; aber von diesem außergewöhnlichen Mosaikbild, außerordentlich sowohl in seinen Abmessungen als auch in der Kraft der Darstellung, ist es unvorstellbar, daß es nicht hier an Ort und Stelle von begnadeten Künstlern geschaffen wurde, die man zu diesem Zweck aus Alexandria oder Sizilien hebeigeholt hatte. Wir können uns nun eine Vorstellung von den riesigen Kosten machen, die ein solches, sicher nach einer berühmten Originalmalerei der klassischen Zeit geschaffenes Mosaik verursachte, und außerdem vom hohen künstlerischen Niveau, zu dem die griechische Malerei gelangt war.

Wenn auch der Bewohner dieses Palastes, wahrscheinlich ein Angehöriger der samnitischen Familie der Satrii, sich als Weltbürger fühlend und als aktives Mitglied der Gesellschaft, die sich in der Folge der Eroberungen Alexanders des Großen entwickelt hatte, im Kreis seiner Freunde seiner engen Beziehung zur griechischen Kultur Ausdruck verleihen konnte, so war und blieb er doch zugleich seinen Mitbürgern gegenüber im wesentlichen ein

Tauben

Ausschnitte
Mosaik im II. Stil,
113 x 113 cm
Pompeji, Haus des Taubenmosaiks

Oben

Die Philosophen in der Akademie
Ausschnitt vom Fries

Rechts

Die Philosophen in der Akademie
Mosaik im I. Stil,
86 x 85 cm, aus der
Villa des T. Siminius Stephanus
in Pompeji
Archäologisches Nationalmuseum
Neapel

Dieses Mosaik aus winzigsten farbigen Steinchen zeigt Platon (in der Mitte) in der Diskussion mit seinen Schülern an der Akademie. Im Hintergrund ist die Akropolis von Athen zu erkennen. Der große farbliche Reichtum der Darstellung und die Girlande mit Früchten und Theatermasken zu ihrer Umrahmung sind typisch für den I. Stil.

städtischer Amtsträger, dessen Rang auf wieder andere Weise in jenen Räumen betont werden mußte, zu denen das Volk Zutritt hatte.

Daher finden sich im Vestibül, im Impluvium und im Tablinum geometrische Kompositionen mit perspektivischem Effekt, gestaltet in Form von rautenförmigen oder dreieckigen Steinen in verschiedenen Farben, genannt *Opus sectile*. Im Tablinum etwa vermitteln nebeneinandergesetzte farbige Rauten aus grünem Kalkstein, Schiefer und weißem Marmor, von grobsteinigem Mosaik eingefaßt, den perspektivischen Eindruck von Würfeln. Diese Art von Bodenbelag, genannt *Scutulatum*, hatte in Pompeji auch schon für die *Cellae* im Apollo- und Jupitertempel Verwendung gefunden. Es ist daher nicht weiter überraschend, sie auch in jenem Raum des Hauses wiederzufinden, in denen der städtische Amtsträger, auf einer Art von Thron sitzend, öffentliche Audienzen gab: Der gehobene und gleichsam geweihte Charakter seines Amtes wurde dadurch auch an einem Ort kenntlich gemacht, der eigentlich nicht „offiziell" war. Der *Luxus*, den die „wohlmeinenden" Moralisten geißelten, diente damit der Unterstreichung der Würde und Gewichtigkeit eines öffentlichen Amtes und der Obrigkeit an sich und wurde dadurch gesellschaftlich legitimiert.

Es ist daher kein Zufall, daß ein „Haus" wie das des Fauns, obwohl von seiner Anlage her ziemlich verbreitet zur damaligen Zeit, ausgerechnet in Pompeji gefunden wurde. Die samnitische Gesellschaft, die erhebliche wirtschaftliche und politische Vorteile aus der engen Verbindung mit Rom gezogen hatte, hatte sich inzwischen weitgehend romanisiert. Unter Beibehaltung von Beziehungen zur griechischen Welt und ihrer Kultur, die oftmals viel direkter und spontaner waren als die zu Rom, hat Pompeji Rom jedoch seinerseits stark beeinflußt. Dank dieser engen Beziehungen wird die außerordentliche Blüte Pompejis während der samnitischen Epoche im zweiten vorchristlichen Jahrhundert auch die militärische Besetzung durch Sulla und seine Truppen überdauern.

HERRSCHAFT UND EINFLUSS ROMS

Architekturlandschaft mit Villa
Ausschnitt

Von der Eroberung im Jahre 80 v. Chr. an ist das bereits weitgehend romanisierte Pompeji, wo man inzwischen lateinisch spricht, wie die anderen italischen Städte auch politisch und verwaltungsmäßig Bestandteil der römischen Welt. Die Kolonisten übernehmen die Macht von den alten örtlichen Patrizierfamilien, die Sulla enteignen läßt. Bei Cicero kann man nachlesen, welchen Diskriminierungen damals die Alteingesessenen zugunsten der Neuankömmlinge unterworfen wurden, die durch ihre Rechtsstellung als römische Bürger von vornherein besser gestellt waren. Auf einem Wandbild mit Kampfszenen, das man im Vestibül des Hauses des Priesters Amandus (I, 7, 7) gefunden hat, kann man in Oskisch, der alten Sprache der Pompejaner, neben der Figur eines Berittenen des Namen des Spartakus lesen, dieses Gladiators, der von den Hängen des Vesuvs aus seinen berühmten Sklavenaufstand gegen Rom unternahm und dessen verzweifelter und doch vergeblicher Kampf die Hoffnung vieler Pompejaner auf Befreiung genährt hatte. Die sechstausend Kreuze jedoch, die längs der Via Appia von Capua bis Rom errichtet wurden und an denen die Kämpfer des Spartakus den Martertod erlitten, schreckten jeden ab, sich auch nur Gedanken über eine Auflehnung gegen das römische Joch zu machen.

Rom, wo es ein Jahrhundert früher unter den Scipionen als angesehenen und unbestechlichen Vermittlern gelungen war, die alte, noch von bäuerlichen Traditionen geprägte Gesellschaft für die weit höher entwickelte griechische Kultur zu öffnen, war nun, gegen Ende der republikanischen Epoche, zur kosmopolitischsten Stadt einer Welt geworden, die sie militärisch und politisch weitestgehend beherrschte.

Für einen außenstehenden Beobachter muß es schwierig gewesen sein, die Anzeichen für einen plötzlichen Wandel der pompejanischen Gesellschaft zu erkennen, für den eine naturgemäße Fortentwicklung der auf die gemeinsame Tradition gegründeten Wertvorstellungen als Erklärung nicht ausreicht. Wie schon aufgezeigt wurde, sind es die Rahmenbedingungen, unter denen dieser Wandel stattfindet, die sich grundlegend verändert haben.

So breitet sich zum Beispiel im Zusammenhang mit Wahlen die Verschwendungssucht aus. So lassen im Jahre 70 v. Chr. die damals politisch tonangebenden C. Quintius Valgus und M. Porcius – treue Anhänger Sullas, die seine Politik nachdrücklich unterstützten, es dabei aber auch verstanden, den eigenen Interessen in Kampanien zu dienen – auf ihre Kosten ein Amphitheater für die Pompejaner errichten. Einige Jahre früher schon hatten sie, wenn auch mit öffentlichen Zuschüssen, das Odeon erbauen lassen, und Porcius hatte gemeinsam mit anderen Magistratsmitgliedern den Altar für den Apollotempel gestiftet. Diese Großzügigkeit steht natürlich im Zusammenhang mit dem Amt bzw. mit dem Wunsch nach Wiederwahl, und in diesem Fall spielt sicher auch die hohe Politik hinein im Hinblick auf die Zentralgewalt in Rom.

Haus der Gemmen in Herculanum
(auch Haus des kostbaren Steins genannt)
Eingangsbereich der Villa
aus dem 1. Jh. n. Chr.

Denn die beiden *Duumviri*, die an der Spitze der Verwaltung stehenden gewählten Amtsträger, stellten die Kandidatenlisten auf für den Stadtrat, und sie werden wohl dabei jene bevorzugt haben, die für den damals in Rom an der Macht befindlichen Pompejus waren, von dem sie sich wieder bestimmte Begünstigungen erhofften. Aber um diese Kandidaten dann bei der Wahl durchzubringen, mußten sie sich auf die eigene Popularität bei den Stadtbewohnern unbedingt verlassen können.

Die Begründung als Kolonie hatte in die Stadt und ihre Umgebung zahlreiche Angehörige der römischen Aristokratie gebracht, die hier in der milden Landschaft Kampaniens die idealen Bedingungen für das neue Ideal des „Lebens auf dem Lande" fanden, das sie in immer stärkerem Maße als Voraussetzung empfanden für den erstrebten steten Wechsel zwischen dem *Negotium*, der Pflicht (hier den politischen Aktivitäten in der Stadt), und dem *Otium*, der Muße mit Zeit zum Nachdenken, zu Gesprächen und geselligem Zusammensein. Viele der schon von der samnitischen Oberschicht in der Umgebung von Pompeji errichteten Landhäuser wechseln den Besitzer, werden umgebaut und vergrößert, und zugleich werden ständig neue gebaut. In Pompeji selbst werden neue Wohnhäuser entlang der Befestigungen auf der Südwest-

Architekturlandschaft mit Villa

Fresko im III. Stil,
22 x 53 cm
Aus Pompeji
Archäologisches Nationalmuseum
Neapel

seite errichtet, nachdem diese ihre Bedeutung verloren haben, und sie dringen auch über diese hinaus und können sich nun einer weiten Aussicht auf den Golf von Neapel erfreuen.

EIN NEUER TYP DES HAUSES

Bei diesen neuen Häusern bricht man mit den bisherigen Traditionen des Grundrisses, bei dem Atrium, Tablinum und Peristyl längs einer zentralen Achse angelegt waren, und läßt sich in bezug auf Anordnung und Funktionen der Räume inspirieren vom Landhaus als der Stätte der Erholung. Das zur Stadt hin ausgerichtete Atrium behält zwar aus Repräsentationsgründen seine großzügigen Proportionen, verliert aber gänzlich seine Funktion als Mittelpunkt des häuslichen Lebens. Es wird durch einen monumentalen Eingang bereichert, während die Aufenthalts- und Empfangsräume, ja selbst die Schlafzimmer auf das Meer oder die Landschaft zu orientiert werden. Man legt (bis zu vier) Stufenterrassen an, um den Panoramablick auf den Golf genießen zu können. Den prunkvollsten Räumen werden Terrassen vorgelagert, die niedriger liegen als das Atrium, das, auf die Straße hinausgehend, den direkten Kontakt mit dem Fluß des städtischen Lebens vermittelt.

Das Haus mit hohen fensterlosen Mauern, ganz ausgerichtet nach innen und auf das Familienleben, ist hier nur noch eine schwache Erinnerung. In dieser neuen Architektur öffnen sich die Loggien und Terrassen mit breiten, kühnen Arkaden auf die Wunder der Natur ringsum, die man immer vor Augen hat und von der man sich jederzeit bezaubern lassen kann, in welchem Teil des Anwesens man sich auch befinden mag. Die Villen der Region VIII und die Häuser der *Insula occidentalis* legen Zeugnis ab von dieser neuen Geisteshaltung. Eine besonders gute Vorstellung davon vermittelt uns die Besitzung des Fabius Rufus (VII, Ins. occ., 19), der einer der ältesten römischen Familien angehörte. Das Haus nutzt die ehemalige Stadtmauer als Basis, um so erhöht einen noch besseren Blick auf das Panorama ringsum zu ermöglichen, und präsentiert seine eindrucksvolle Fassade in mehreren Ebenen zum Meer hin. Ein Nebeneingang am Ende des Gartens gestattet über Treppen und Rampen den unmittelbaren Zugang vom Hafen her ohne Benutzung der Straße. Der Haupteingang liegt an einer kleinen Straße nahe dem Forum auf höherem Niveau und führt in ein prunkvolles Atrium, das nicht von Wohnräumen umgeben ist. Eine lange fensterlose Mauer verläuft auf der Straßenseite, in der sich nur ein kleiner Eingang für die Dienstboten befindet; diese gelangten durch

Oben

Villa am Meer

Fresko im IV. Stil,
25 x 25 cm
Aus Stabiae
Archäologisches Nationalmuseum
Neapel

Vorhergehende Doppelseite

Haus der Hirsche in Herculanum

1. Jh. n. Chr.
Die zum Meer blickende Terrasse
mit ihren Bauten

einen langen Gang, der innen der Mauer folgt, in die entsprechenden Wirtschaftsräume. Die Empfangszimmer liegen östlich vom Atrium, während an dessen Rückseite, wo man früher das Tablinum und die Aufenthaltsräume anordnete, eine Reihe kleinerer Zimmer mit einer Terrasse davor dem Meer zugewandt ist.

Auf der ersten tiefergelegten Ebene sind einer Folge von Schlafzimmern und kleineren Nebenräumen wiederum Terrassen vorgelagert, die in der Form hängender Gärten ebenfalls den Blick auf das Meer gestatten. Der große Salon des Anwesens geht in eine ausgedehnte Exedra über, in der man sich zum Gespräch niederlassen kann. Ein weiterer, größerer Garten zu Füßen der Stadtmauer und damit schon außerhalb der Stadt gelegen bietet mit seinen grünenden und blühenden Pflanzen die erholsame Begegnung mit der Natur vor dem Hintergrund des tiefblauen Mittelmeers.

In Herculanum werden zu dieser Zeit auf der dem Meer zugewandten Terrasse oberhalb der Stadtmauer ebenfalls Häuser in ähnlichem Stil errichtet, von denen das typischste das sogenannte Haus der Hirsche ist. Die Anlage des Hauses entlang einer Achse vom Eingang zum Atrium ist dabei in den Hintergrund getreten zugunsten einer Ausrichtung zum Meer hin. Ein Korridor verbindet das Atrium mit den Räumen, in denen das Hausgesinde wirkt, während anstelle des Tablinums nun ein großes *Triklinium*, angelegt in der Längsachse des Anwesens und nicht mehr auf den Eingang ausgerichtet, die Epoche der großen Prunkräume eröffnet. Entlang der gleichen Achse schließt sich ein ausgedehnter, von gedeckten Portiken umgebener Garten an und dann ein Prachtsalon mit vorgelegter Aussichtsloggia. Diese *Diaeta* wird bereichert durch Grünflächen zu beiden Seiten einer in der Mitte der Loggia gelegenen Pergola, von wo aus der Besucher den Blick in die Landschaft genießen kann.

Die Natur, die sich zunächst in das Haus bescheiden eingeschlichen hat durch den kolonnadengesäumten Garten, in dem sie eher in den Mauern des Anwesens eingesperrt war, erobert durch die neue Architektur einen völlig anderen Stellenwert, indem sie nun ihrerseits das Haus umgibt und sozusagen einbettet in ihr großartiges Panorama.

DIE VILLA AUF DEM LANDE

Zum endgültigen Triumph der Freude an Natur und Landschaft führt schließlich in der Privatarchitektur das Aufkommen der Villa *extra muros* (außerhalb der Stadtmauern). Es finden sich zahlreiche Beispiele für diese „Villen mit Seeblick", die nun in der Umgebung von Pompeji entstehen, auf dem Hügel von Varano, in Stabiae und Oplontis (wo Poppaea Sabina, die Gattin Neros, eines der prächtigsten Anwesen dieser Art besitzt) oder auch in Herculanum, wo sich die außergewöhnliche Villa der Pisonen (heute meist wegen der dort aufgefundenen Bibliothek auf 800 Papyrusrollen meist *Villa dei Papiri*, Villa der Papyri genannt) auf einer Länge von mehr als 250 Metern über der Küste erstreckt. Der Hauptzweck ist bei all diesen Bauten, das atemberaubende Panorama des Golfes von Neapel genießen zu können. Doch wir wollen uns hier vor allem jenen Landhäusern zuwenden, die zu Hunderten in der fruchtbaren Ebene liegen und an den sanften Hängen zu Füßen des Vesuvs inmitten von Weinbergen, Obstplantagen und Feldern.

Auf diesen Landgütern besteht eine enge und harmonische Verflechtung zwischen den für die landwirtschaftliche Produktion mit Hilfe von Sklaven genutzten Bereichen und jenem, der der Erholung der Besitzer vorbehalten bleibt. Von bewußt großspurigem Luxus geprägt, werden diese Landhäuser bereichert durch *Diaetae*, Portikusanlagen, die nicht mehr den Garten umgrenzen, sondern sich auf die Felder und die Weite der Landschaft öffnen, durch Kryptoportiken, in den Boden versenkte Wandelgänge, die in den zu heißen Sommerstunden Erfrischung bieten, durch Exedren und durch Räume unterschiedlicher Größenordnungen, in denen man sich je nach Witterung, Jahreszeit und Tagesablauf aufhält.

DIE WEITERENTWICKLUNG DES STADTHAUSES

In den Stadthäusern der reichen Pompejaner kommt nun das neue Ideal des römischen Bürgers zur Geltung. Sie entfernen sich von den Vorbildern hellenistischer Paläste und greifen, wenn auch in bescheidenerem Ausmaß, die Architekturformen der Landhäuser auf. Wo immer es möglich war, vergrößerte man den Wohnbereich durch Zukauf von Nachbargrundstücken, wobei man entweder große Umbauten zur Eingliederung in die Gesamtanlage vornahm oder erworbene Bauteile einfach als zusätzlichen Bereich angliederte. Letztere Lösung wählte man für das Haus mit dem Schiff Europa (I, 15, 1-3), das Haus des Menanders (I, 10, 4), das Haus der vergoldeten Amoretten (VI, 16, 7), das Haus der Ariadne (VII, 4, 31-51) und das Haus mit dem Kryptoportikus (I, 6, 2). Ein gutes Beispiel bietet insbesondere das Haus des Kitharaspielers (Casa del Citarista, I, 4, 5-25-28), ein Anwesen, das sich durch Zukauf allmählich bis auf eine Grundfläche von 2300 qm erweiterte und zwei Atrien sowie drei Peristyle enthält.

Oben

Nische in einem Lararium
Pompeji, 1. Jh. n. Chr.

Links

Mauern

Von oben nach unten:

Sogenanntes *Opus quasi reticulatum* in ziemlich grober Ausführung
Pompeji, Anf. d. 1. Jh. v. Chr.

Backsteinmauer, sogenanntes *Opus latericium*, hier mit Kreismotiv
Pompeji, 1. Jh. n. Chr.

Netzmauerwerk oder *Opus reticulatum* aus gleichmäßig quadratischen, zu einem netzartigen geometrischen Muster zusammengesetzten Tuffsteinen
Pompeji, Ende d. 1. Jh. v. Chr.

Überdies errichtete man nun über den rings um das Atrium gelegenen Räumen, wie das etwa das Haus der Silberhochzeit (V, 2, i) zeigt, Obergeschosse zur Unterbringung des Gesindes. Außerdem kamen nun Bequemlichkeiten hinzu, die für die Landhäuser typisch waren: In vielen Patrizierhäusern, wie etwa dem des Menanders oder dem mit dem Kryptoportikus, finden sich nun Badeanlagen, in denen man sich unter Verzicht auf die trotz der Errichtung neuer Thermen meist überfüllten öffentlichen Bäder ungestört entspannen konnte.

WANDMALEREI UND MOSAIKKUNST: DER II. STIL

Rechts

Allegorie des Todes

Mosaik im II. Stil,
47 x 41 cm
Pompeji,
Triklinium der Werkstatt I, 5, 2
Archäologisches Nationalmuseum
Neapel

Unten

Gipsabguß eines Opfers des Vesuvausbruchs

Aus Pompeji

Die Aschenschicht, unter der die Opfer begraben wurden, bildete auf Haut und Kleidung einen feinen Film, der jeden Gesichtszug und jede Falte bewahrte. Nach ihrer Durchhärtung war die Asche eine kompakte Masse, die in ihrem Inneren die Leichen umschloß. Diese erfuhren den normalen Zerfallsprozeß organischen Lebens, wodurch im Inneren der Aschenschicht nur die entsprechenden Hohlräume verblieben. Indem man diese mit flüssigem Gips füllte, der dann fest wurde, erhielt man derartige Abgüsse.

Die Wandmalerei vermittelt uns nun ein Abbild des verfeinerten Lebensstils in der Villa, der, aus Rom übertragen, mehr war als eine Mode – er wurde zur Leidenschaft. Die römische Aristokratie führt in Pompeji einen neuen Dekorationsstil ein, der ebenso typisch für diese Periode ist wie die neue, als *Opus quasi reticulatum* bezeichnete Art der Mauerung, bei der man die polygonal zugeschnittenen Tuffsteine in gleichmäßigen Reihungen mit Mörtel verband.

Der II. Stil, der seine Wurzeln im hellenisierten Orient hat, setzt in der römischen Welt die Tendenzen fort, die sich schon in der Architektur des I. Stils ankündigten. Nun aber ist er allein auf die Malerei beschränkt, um auf die Mauern Säulen, Portiken und Umrahmungen zu zaubern und damit die Illusion einer Erweiterung des Raumes über die Wände hinaus zu schaffen, die sich aufzulösen scheinen dank der aufgemalten Scheinarchitekturen, die sich bevölkern mit Menschen und Tieren und Zubehör jeder Art und oft auch symbolischen Charakters. So entstehen regelrechte Miniaturbühnen, auf denen Personen in Lebensgröße geheimnisvolle Mysterienhandlungen darstellen oder in Szenen auftreten, die für den heutigen Betrachter, selbst wenn er ihnen nüchtern und distanziert gegenübersteht, getreue Abbilder des damaligen Lebens sind. Diese Wandgemälde, von Vitruv gerühmt als „Wiedergabe dessen, was ist oder doch sein könnte", bieten in den riesigen Bilderzyklen etwa der Villa des Fannius Synistor in Boscoreale oder der Mysterienvilla oder auch in Oplontis unvergleichliche Beispiele malerischen und inhaltlichen Reichtums.

Rechtlich und auch faktisch zu römischen Bürgern geworden, drängen die Pompejaner ungeduldig nach Aneignung der Kultur und Weltanschauung der Hauptstadt und lassen sich anregen von den neuen Kunstauffassungen der weltbürgerlichen römischen Aristokratie, die sich ihren Landstrich zur bevorzugten Erholungsregion erkoren hat. Man

Sitzende Matrone

Fresko im II. Stil, 170 x 96 cm
Pompeji, Mysterienvilla

Das Gemälde, aus dem wir hier einen Ausschnitt wiedergeben, stammt aus dem 1. vorchristlichen Jahrhundert und ist das berühmteste der gesamten römischen Malerei. Es stellt die Feier eines dionysischen Mysterienkultes dar. Die hier dargestellte sitzende Frau könnte eine reiche Hausherrin sein oder auch eine Bacchuspriesterin. Das berühmte „Pompejanisch-Rot" wurde aus dem wertvollen Minium gewonnen, einem Alaunsulfat.

strebt danach, die „realistische optische Täuschung" mit ihren Scheinarchitekturen zu nutzen, um den Räumen mehr Weite zu verleihen. Während bisher die Wand bewußt verdeckt wurde durch die aufgemalten Architekturteile, die möglichst real wirken sollten, spielt sie jetzt als Vordergrund eine wichtige Rolle, in dem sich zwischen den aufgemalten Fassaden tiefe Ausblicke auf perspektivische Säulenreihen, auf Hintergrundarchitekturen und Landschaften öffnen, die sich in der Ferne verlieren. Durch die gemalte Fiktion öffnen sich die Räume zur äußeren Welt, die so Zugang ins Haus erhält und sich den Blicken ebenso darbietet wie bei den echten Aussichten durch die Fenster der Landhäuser und wo sich heiter, gelassen und friedlich das Leben abspielt.

Während das figurative Element an den Wänden zur Geltung kommt, sei es in der Belebung von Landschaften, die sich hinter aufgemalten Türen auftun oder bei der Darstellung von Tieren oder Gegenständen, die oft mit wohl allegorischem Bezug Platz in den Scheinarchitekturen finden, führt der neue Stil bei der Dekoration der Böden zur Aufgabe des figürlichen Mittelmotivs zugunsten bisweilen vielfarbiger geometrischer Muster aus feinen Litzen, Bändern und Flechten oder auch perspektivischen Würfeln, wobei auch hier ein dreidimensionaler Eindruck angestrebt wird.

DER SÄULENSCHMUCK DER EMPFANGSRÄUME

Zu gleicher Zeit verleiht man auch den „wirklichen" Räumen ein immer majestätischeres Gepräge. In dieser Wettbewerbsgesellschaft wird auch das Wetteifern im Luxus zu einem gesellschaftlichen Zwang. Die Empfangsräume der Patrizierhäuser, so das Haus des Labyrinths, das der Silberhochzeit oder das des Meleager (VI, 9, 2), füllen sich nun mit einem wahren Wald von Säulen, diesmal echten, die ihre perspektivischen Wirkungen mit denen der Scheinarchitekturen vereinen. Diese Empfangsräume oder *Oeci* nehmen nun offiziellen Charakter an, und alles ist darauf ausgerichtet, die Hochschätzung der staatsbürgerlichen Werte zu betonen und diesen Versammlungsräumen sozusagen eine geradezu weihevolle Stimmung zu verleihen in der Art einer Basilika, der höchsten Steigerung ziviler Architektur in der römischen Welt. So wird selbst im Inneren des Hauses die öffentliche Stellung des Besitzers hervorgehoben, der sich nach dem Vorbild griechischer Dynastien bemüht, sich als Bürger von hoher Kultur darzustellen, der jedoch immer seiner beschwerlichen und auch kostspieligen Verpflichtungen eingedenk ist, die ihm seine zum Wohle der Gesellschaft übernommenen Ämter auferlegen.

TUFFSTEINSKULPTUREN

Auf dem Gebiet der plastischen Arbeiten in Tuffstein führt auch die neue Generation von Steinmetzen und Bildhauern die alten lokalen Traditionen griechischen Ursprungs fort. So werden im Odeon oder Kleinen Theater die großartigen knieenden Telamonen an den Endpunkten der Mauern um den Zuschauerraum geschaffen und die beiden staunenswerten geflügelten Tierpranken mit ihrer geradezu grafischen Gestaltung an den Kanten der Balustrade, die *Proedria* und *Cavea* trennt. Auch hier wieder ist die Skulptur Ergänzung der Architektur, und das gilt gleichermaßen für die Telamonen aus Terrakotta, die mit über den Kopf gereckten Armen den Architrav des Tonnengewölbes im Tepidarium der Forumsthermen tragen und zugleich die tiefen Wandnischen voneinander abtrennen, was zu einem schönen Hell-Dunkel-Effekt führt.

DAS LITERARISCHE LEBEN

Während seiner Zeit als Kolonie gliedert sich Pompeji voll und ganz in die römische Welt ein. Pompeji und Rom bleiben kulturell und weltanschaulich so eng miteinander verbunden, daß die Erkenntnisse, die man im Laufe der Jahrhunderte aufgrund der Ausgrabungen und durch literarische Quellen gewinnt, sich gegenseitig ergänzen. Vieles von dem, was wir über das Alltagsleben, die Kunst und die Gedankenwelt Roms wissen, ist unlösbar verbunden mit der Wiederentdeckung Pompejis in neuerer Zeit.

So stieß man zum Beispiel in Pompeji an einer Wand im Odeon auf die dort hingekritzelten Verse eines Dichters, der uns auch seinen Namen hinterlassen hat: Tiburtinus. Diese lateinischen Verse, fragmentarisch niedergeschrieben und vielleicht Teil einer größeren Komposition, sind zwar nicht unbedingt von höchstem künstlerischem Rang, aber für uns wichtig als Zeitdokument. Denn sie stehen in der Tradition hellenistischer Poesie, besonders jener von Alexandria, von der sie das poetische Grundmuster, die lyrischen Motive und die literarischen Modelle übernehmen. Tiburtinus nimmt mit den bescheidenen Mitteln des Amateurs Teil an einer poetischen Strömung, die in Rom die *Neoteroi*, die „neuen Poeten" zur großen Wiederentdeckung der griechischen Lyrik führen und die bewegenden Gedichte Catulls hervorbringen wird.

Das „Lied der Verzweiflung", das Tiburtinus auf einer Wand des Odeons in Pompeji hinterlassen hat, lautet in sinngemäßer Übertragung:

„Was ist nur geschehen?
Erst haben meine Augen
mich ins Feuer geführt,
und jetzt sind mir die Wangen
von Tränen benetzt.

Doch den Tränen gelingt's nicht
die Flammen zu löschen;
sie strömen mir über's Antlitz
und verdunkeln den Geist mir.

Wenn die Liebe du kennst
und ihre Macht dir nicht fremd ist,
wenn ein fühlend Herz
in der Brust dir noch schlägt,
so hab Mitleid mit mir
und laß mich dir nahen.

Oh Cesia …
Iß und trink und vergnüg dich …
doch nicht stets nur …"

Als Ausdruck einer unglücklichen Liebe lassen diese klagenden Verse schon spüren, daß sie ohne Hoffnung sind. Sie versinken in der traurigen Melancholie, die sich aus dem Bewußtsein der Vergänglichkeit ergibt, und blieben doch über die Zeiten bewahrt auf der Wand, die dem Untergang entging.

Personifikationen Persiens und Mazedoniens

Ausschnitte aus einem Fresko im II. Stil, 200 x 325 cm
Aus der Villa des Fannius Synistor in Boscoreale
Archäologisches Nationalmuseum Neapel

Die Bedeutung dieses Meisterwerkes pompejanischer Wandmalerei ist noch unsicher. Man hat die beiden Frauengestalten als Personifikationen Mazedoniens (Ausschnitt links) in Waffen nach dem Sieg über Persien (als ihr gegenübersitzende, nachdenkliche Gestalt) zu erklären versucht. Eine andere Deutung sieht in den Personen den Mazedonierkönig Antigonos Gonatha und seine Mutter Philas.

DER GLANZ DER FRÜHEN KAISERZEIT

Kopf eines Doryphoros (Speerträgers)
Bronze, von Apollonios aus Athen signierte Kopie nach einem griechischen Original des Polyklet; augusteische Epoche
Höhe: 54 cm
Aus der Villa der Papyri in Herculanum
Archäologisches Nationalmuseum Neapel

Links

Läufer
Bronze, römische Kopie nach einem griechischen Original des 4. Jh. v. Chr. 1. Jh. v. Chr. /1. Jh. n. Chr.
Höhe: 118 cm
Aus der Villa der Papyri in Herculanum
Archäologisches Nationalmuseum Neapel

Nach den turbulenten Zeiten des Bürgerkriegs, in denen viel zu lange römische Legionen anderen römischen Legionen gegenüberstanden, die sich auf einem Schachbrett in den Ausmaßen der fast ganzen damals bekannten Welt unaufhörlich bekriegten, konnten sich in symbolischem Sinne die Tore des Janustempels auf dem Forum in Rom endlich schließen – mit dem Beginn der Kaiserzeit nahm eine neue Ära des Friedens ihren Anfang. Endlich erlosch der Haß, der bis in die Familien hinein Anhänger des Cäsar und des Pompejius entzweit hatte, und die Zeiten beständiger Komplotte und Attentate waren vorbei: Nach der Seeschlacht vor Actium im Jahre 31 v. Chr. stand mit der Niederlage des Antonius der endgültige Sieg Octavians fest. Der römische Senat beeilte sich, ihm die Welt, die er erobert hatte, auch offiziell zu übertragen, und flehte ihn förmlich an, die Herrschaft zu übernehmen. Denn alle waren erschöpft, und für das Allgemeinwohl war es ein vordringliches Bedürfnis, schleunigst die inneren Auseinandersetzungen zu beenden. Und Octavian, nun zum Augustus erhoben, schien als einziger fähig, auf Dauer all die Eroberungen zu sichern, welche die römischen Heere in aller Welt gemacht hatten. Dauerhafter Friede aber war die Voraussetzung für neuen wirtschaftlichen Aufschwung.

Die Rückkehr zu einem sagenhaften „Goldenen Zeitalter“, in dem nach den Parolen der kaiserlichen Propaganda wieder Platz für alle sein würde, erlaubte jedem, seinen Beitrag zum Aufbau einer besseren Welt zu leisten, und so entstanden zunächst einmal öffentliche Bauten großen Stils. Die eng mit Rom verbundenen Städte waren die ersten, die vom neuen Wohlstand profitierten, den die ersten Jahre der Kaiserzeit der Halbinsel brachten.

Wie man weiß, war die Verbreitung der kaiserlichen Propaganda auch eine Aufgabe der Hofpoeten, und es ist interessant, festzustellen, wie groß deren Ansehen in Pompeji war. Das nämlich läßt sich ablesen an der beträchtlichen Zahl von Inschriften, in denen ihre Verse wiedergegeben sind. Vergil vor allem wurde immer wieder abgeschrieben und gelegentlich auch parodiert, und man darf wohl annehmen, daß man die Werke des Dichters in den Schulen behandelte, um schon die junge Generation so weit wie möglich damit vertraut zu machen.

Oben

Privatbrunnen

Mosaiksteinchen, 1. Jh. n. Chr.
Pompeji, Haus mit dem kleinen Mosaikbrunnen

Dieser grottenförmige Brunnen steht vor der Rückwand eines Gartens, die mit Wandmalereien im IV. Stil bedeckt ist, die großartige Landschaften darstellen.
Auch Muscheln wurden zur Dekoration verwendet. Am Boden die Bronzestatuetten eines Amors und eines Fischers; deren Originale im Archäologischen Nationalmuseum Neapel.

Rechts

Kinder mit Trauben und einer Gans

Bronze, 1. Jh. n. Chr.
Pompeji, Haus der Vettier

NEUE GESELLSCHAFTLICHE KOMPONENTEN

In dieser Zeit läßt sich auch ein erheblicher und ständig wachsender Zuzug aus entfernten Städten in die Hauptstadt des Reiches beobachten. Die Neuankömmlinge waren dazu veranlaßt worden durch Hoffnungen auf Wohlstand, aufgrund von Handelsinteressen und insgesamt sowohl aus kulturellen wie materiellen Gründen. Die römische Gesellschaft, die ohnehin schon zahlreiche Sklaven mit einschloß, die man entweder auf den orientalischen Märkten eingekauft oder als Kriegsbeute verschleppt hatte, wurde dadurch zum vielfältigsten und kosmopolitischsten Gemenge, das die Geschichte der Menschheit bis dahin erlebt hatte.

Pompeji – ideal gelegen am Golf von Neapel, wo der kaiserliche Hof und die römische Aristokratie sich erholten in großartigen Landhäusern längs der Küste zwischen Capri, dem *Promontorium Minervae* (heute Punta Campanella bei Sorrent) und Baiae – befand sich dank seines Hafens im Zentrum der Waren- und Menschenströme. Denn bis zur Schaffung des Hafens von Ostia war Pozzuoli der Haupthafen für den Güterverkehr nach Rom. Wie der bedeutende, zur Zeit des Augustus tätige griechischsprachige Geograph Strabo anmerkt, wurde Pompeji wegen seines am Golf und am Eingang zur Ebene gelegenen Hafens, der die Möglichkeit zur Belieferung eines extrem reichen Hinterlandes mit den blühenden Städten Nola, Nocera und Acerra bot, zum Brückenkopf für die Handelsbeziehungen zwischen Kampanien und der orientalischen Welt, insbesondere Ägypten und dort vor allem Alexandria.

Schon seit samnitischer Zeit bestanden enge Beziehungen zwischen Pompeji und Alexandria, wie der wohl schon Ende des zweiten vorchristlichen Jahrhunderts neben dem Großen Theater errichtete Isistempel beweist, wo man für Reinigungszeremonien bestimmtes Nilwasser bewahrte, oder auch die gleichzeitige Begründung einer Gemeinde von

Alexandrinern zu Füßen des Vesuv. Mit der Eroberung Ägyptens durch Augustus gewannen diese Beziehungen eine neue Dimension. Denn aus Alexandria kamen nicht nur Kunstwerke und Parfüme, sondern vor allem das Getreide, auf welches das Kaiserreich so angewiesen war. Man kann sich lebhaft vorstellen, wie sich dieser regelmäßige und durchorganisierte Güterverkehr in der blühenden Hafenstadt abspielte, wo die Schiffe ankerten und wo die Kaufleute ihre Büros unterhielten.

Die in immer größerer Zahl in Pompeji zuziehenden, meist griechischsprachigen Fremden bewirken zur Kaiserzeit sowohl eine Erweiterung der wirtschaftlichen Aktivitäten als auch ein bunteres Bild der Gesellschaft. Man braucht nur einen Blick auf die überlieferten Namen pompejanischer Hausbesitzer zu werfen oder an die zahlreich erhaltenen Inschriften in griechischer Sprache oder mit griechischen Ausdrücken zu denken, um sich eine Vorstellung vom erheblichen Anteil jener, die aus der hellenistischen Welt kamen, an der Gesamtbevölkerung Pompejis machen zu können.

Neben die alten samnitischen Familien, deren Vermögen mehr auf die Erträge aus großen Ländereien zurückging als auf Gewinne aus dem Handel, traten nun neue Reiche, darunter viele Freigelassene, die ihre wirtschaftliche Macht ihren Handelsgeschäften verdankten oder der regen öffentlichen und privaten Bautätigkeit und der „industriellen Produktion".

DIE HÄUSER DER MITTELSCHICHT

Zahlreiche zuverlässige Quellen versetzen uns in die Lage, uns ein recht genaues Bild von den Lebensumständen und Wohnstätten der arbeitenden Bevölkerung in den Anfängen der Kaiserzeit zu machen. Weniger hilfreich ist diesbezüglich die Archäologie, denn die Häuser, in denen bis dahin die weniger bemittelten Pompejaner gelebt hatten, erfuhren (gerade weil es sich dabei um eher bescheidene Bauten handelte) ständig wesentliche Veränderungen, wodurch jeder Versuch zu exakter Bestimmung und Zuordnung in diesem Bereich mit erheblichen Ungewißheiten befrachtet ist.

Auch die Mittelschicht jedenfalls verzichtete trotz beschränkter Mittel, aber auf Reputation bedacht, nicht auf den Besitz eines Hauses mit einem Atrium, selbst wenn es nur bescheidenste Abmessungen hatte wie das im Haus des Amandio (I, 7, 3), bei dem es ungeachtet der geringen Fläche von knapp 127 qm gelingt, den Eindruck eines richtigen Gartens zu vermitteln. Unter den Häusern mit einer Grundfläche zwischen 120 und 150 qm fand man zehn mit einem Atrium; diese Anzahl

Links

Dekoration eines Atriums

1. Jh. n. Chr.
Pompeji, Haus des Obellius Firmus

Marmormöblierung eines Gartens; vor dem Impluvium ein rechteckiger Tisch und ein *Cartibulum*, ein Tisch mit zylindrischer Basis, auf dem die Brunnenfigur eines Satyrs stand.

Folgende Doppelseite

Garten und Peristyl

1. Jh. n. Chr.
Pompeji, Haus der Vettier

Die bronzenen und marmornen Dekorationselemente in diesem Anwesen sind überaus typisch für den pompejanischen Geschmack. Becken, Statuen, Brunnen und Tische sind auf bestimmten Grundflächen und entlang des schmückenden Portikus mit Wasserspielen so aufgestellt, daß sie so wirkungsvoll wie möglich das Auge erfreuen.

Ruhender Hermes

Bronze, römische Replik eines griechischen Originals des Lysippos
1. Jh. v. Chr. / 1. Jh. n. Chr.
Höhe: 115 cm
Aus dem großen Peristyl der Villa der Papyri bei Herculanum
Archäologisches Nationalmuseum Neapel

steigt auf 29, wenn man die zweistöckigen Häuser ähnlicher Größenordnung, aber mit gänzlich anderer Raumeinteilung mit einbezieht, und auf 83, wenn man Häuser mit einer Grundfläche zwischen 50 und 150 qm berücksichtigt.

In diesen Häusern leben Leute, die aufgrund ihrer gesellschaftlichen Situation keine Repräsentationsräume brauchen und daher die Platzeinteilung nach Belieben vornehmen können; oft liegen solche Häuser auch im Inneren von Wohnblocks und hinter Anwesen, die eine Straßenfront haben. Meist haben sie einen sehr regelmäßigen Grundriß, die Zimmer öffnen sich auf einen langen Verbindungskorridor, und Höfe sorgen für Belichtung und Belüftung. Um einen kleinen Garten in der Mitte sind die Wohnräume funktionell und gemäß den Erfordernissen der Bewohner angeordnet und ohne Rücksicht auf gesellschaftliche Anpassung.

Dennoch muß man nicht glauben, daß die Häuser ohne Atrium immer nur bescheidene Ausmaße hatten. Viele von ihnen hatten vielmehr erhebliche Dimensionen, die nicht geringer waren als bei Häusern mit Atrium, und manche von ihnen hatten Grundflächen von 600, ja sogar bis zu 800 Quadratmetern. Nicht mitgerechnet sind dabei jene, bei denen sich hinten landwirtschaftlich genutzte Flächen anschlossen, unter deren Einschluß sich Gesamtnutzflächen von 1000 bis 1500, ja gelegentlich sogar bis zu 2500 Quadratmetern ergaben.

Die Ausmaße des Wohnsitzes lassen zwar Rückschlüsse auf die wirtschaftlichen Verhältnisse des Besitzers zu, sind aber nicht länger eng verknüpft mit dessen Repräsentationsbedürfnis. Ohne sich auf sozusagen automatische und in diesem Sinne sicherlich unzutreffende Beziehungen zwischen Form und Ausmaß des Wohnsitzes und der sozialen Herkunft seines Besitzers festzulegen, läßt sich doch feststellen, daß dieser Wandel im Zusammenhang steht mit der Aufnahme von Neuankömmlingen in die Gesellschaft Pompejis während der frühen Kaiserzeit. Diese Zugewanderten oder Freigelassenen finden ihren Platz oft in der Schicht der Handwerker, Kleingewerbetreibenden, Bauern und kleinen Händler.

Andere Häuser wachsen (einer Entwicklung folgend, die bereits in republikanischer Zeit einsetzt und sich in der Kaiserzeit bis zur Katastrophe von 79 verstärkt) nun in die Höhe, indem man ihnen ein oberes Stockwerk aufsetzt. Diese zusätzlichen Stockwerke werden oft im Inneren des Anwesens geschaffen, um dem wachsenden Platzbedarf der *Familia* (zu der das Gesinde zählt) zu entsprechen; häufig aber werden diese sogenannten *Cenacula* in gesonderten Anbauten eingerichtet, deren Oberstock mit unabhängigen Einzelräumen über Treppen direkt von der Straße oder einem Innenhof aus zu erreichen ist. Solche Bauten, die besonders im

Sogenannter Seneca

Bronzebüste, römische Kopie nach
einem hellenistischen Original
2. bis 1. Jh. v. Chr.
Höhe: 33 cm
Aus dem großen Peristyl der Villa der
Papyri bei Herculanum
Archäologisches Nationalmuseum
Neapel

Die Tradition belegte diese Büste eines
Unbekannten mit dem Namen des
römischen Philosophen.

Tänzerinnen

Bronze, Mitte des 1. Jh. v. Chr.
Höhen: 153, 155, 151, 150, 146 cm
Aus der Villa der Papyri bei Herculanum
Archäologisches Nationalmuseum Neapel

Die Gruppe von fünf Statuen junger Frauen, aufgestellt entlang des *Eurypos*, eines den Garten durchfließenden Kanals, wurde mit dem Namen „Tänzerinnen" belegt. Weit wahrscheinlicher stellen sie aber *Hydrophorai* dar, also Wasserträgerinnen. Diese Bronzestatuen sind lokale Nachahmungen griechischer Vorbilder der klassischen Zeit.

Stadtzentrum häufig sind, enthalten zwei oder drei Räume, die untereinander mit meist hölzernen Laufgängen oder Balkonen verbunden sind, und boten ihren Bewohnern, zumeist Mietern, durchaus angenehme Bedingungen. Obwohl solche Häuser ziemlich zahlreich gewesen sein müssen, blieben doch nur sehr wenige von ihnen vollständig erhalten, weil zumeist das Dach und die Zwischenböden unter dem Gewicht der aus dem Vulkan geschleuderten Steine zusammengebrochen sind. In den Ruinen der luxuriösesten dieser „Appartments" sieht man noch heute in den Wänden ausgehöhlte Nischen für die Betten und dekorative Wandmalereien, und der großzügige Zuschnitt der Räume und das erkennbare Bemühen um gute Beleuchtung belegt das Streben der Besitzer, „gehobenen Ansprüchen" zu genügen. Im übrigen hat man auch eine Anzeige gefunden, in der die Vermietung solcher *Cenacula* in der *Insula Arriana Polliana* angeboten wird, wo sich auch das Haus des Pansa (VI, 6, 1) befindet, einer der größten Wohnsitze der samnitischen Epoche. Diese Wohnungen werden als *equestria*, also eines Ritters würdig oder „herrschaftlich", bezeichnet. Wenn man auch bis heute derartige Anpreisungen von Vermietern nicht unbedingt auf die Goldwaage legen darf und uns eine Überprüfung der Glaubwürdigkeit dieser Aussage durch Augenschein heute nicht mehr möglich ist, so zeigt sie doch, welche Vorstellung von Reputation sich mit derartigen Wohnungen verband.

In einem anderen Zusammenhang steht die *Pergula*, eine Art von Hängeboden oder Zwischengeschoß und normalerweise nur in Holz ausgeführt, das sich über einer *Taberna*, einem kleinen Laden oder einer einfachen Werkstatt befindet und mit dieser über eine Innentreppe verbunden ist; dorthin zog sich nach der Tagesarbeit der Besitzer oder Betreiber zurück. Diese kleinen Räume, oft nur ein paar Quadratmeter groß, erlaubten immerhin auch den wenig Begüterten – und das waren nicht wenige – den Besitz einer wenn auch noch so bescheidenen eigenen Bleibe, die zugleich dem Erwerb und der Unterkunft diente. Tagsüber war die *Taberna* zur Straße hin weit geöffnet, um ihr Angebot zu zeigen, abends wurde sie mit großen Brettern verschlossen, die man in Rillen am Boden und am Architrav einfügte und die, einander überlappend, eine dichte Wand bildeten. In diese war eine kleine Tür eingefügt, die den Ein- und Ausgang erlaubte. So wurde der Laden zur Wohnung, und auf einer Matratze oder Matte auf dem Hängeboden konnte sich der von der Tagesarbeit erschöpfte Händler oder Kleinhandwerker im Schlaf erholen.

Wenn eine Küche fehlte, konnten die Pompejaner sich entweder in einer der zahlreichen *Thermopolia* oder *Cauponae* verköstigen oder sich auch an den Tischen der „Neureichen" unter die Schwärme von Nas-

Die Villa der Papyri

Diese Villa, auch Villa der Pisonen genannt und an der Küste unweit von Herculanum gelegen, ist das typische Beispiel einer der Erholung dienenden Villa der römischen Oberschicht gegen Ende der republikanischen Zeit. Ausgestattet mit einer wertvollen Bibliothek philosophischer Schriften vorwiegend epikureischer Prägung, barg sie auch in den Repräsentationsräumen und ihren beiden Peristylen eine Sammlung von Statuen, darunter 58 in Bronze und 21 in Marmor, die uns eine ausgezeichnete Vorstellung vom Geschmack der kultivierten römischen Kreise dieser Epoche vermittelt.

sauern mischen, mit denen jene sich, um mit ihrem neuen Wohlstand zu protzen, gerne umgaben. Es war ein leichtes, sich solche Einladungen zu einer warmen Mahlzeit zu verschaffen. Zwei in der Basilika gefundene Kritzeleien geben uns eine Vorstellung vom Umfang dieser Schnorrerei, die für viele (abgesehen vom Vergnügen, in Gesellschaft zu speisen) auch ein gezielt genutzter und wichtiger Beitrag zum Lebensunterhalt war. Der eine dieser an die Wand geschriebenen Sätze lautet: „Wohl ergehe es dem, der mich zum Essen einlädt!", der andere richtet sich direkt an einen Gastgeber, der offenbar ein Versprechen nicht eingehalten hat: „Was für ein Geizhals ist doch dieser Lucius Istacidius, der mich nicht zu seinem Diner lädt!"

Es gab noch einen weiteren Typ von Unterkünften für kleine Handwerker und Händler, der Laden und Wohnung vereinte. Diese „Ladenhäuser" waren nicht ganz so bescheiden wie die vorstehend geschilderten und mehr auf die Bedürfnisse einer Familie ausgerichtet. Auch bei ihnen war die Vorderfront weit zur Straße hin geöffnet, aber nach hinten schloß sich ein Wohnbereich an, der vielfach mehrere Räume umfaßte, oft um einen Lichthof angeordnet, und nicht selten auch ein Obergeschoß hatte. Derartige Häuser mit Doppelfunktion fanden sich vor allem im Stadtzentrum und an den belebtesten Straßen, und es gab sie zweifellos auch schon in samnitischer Zeit, wenn auch, wie schon gesagt, von den erhalten gebliebenen Häusern keines bis in diese Epoche zurückreicht.

Oft findet man im gleichen Häuserblock alle die vorstehend geschilderten Haustypen zugleich. Nebeneinander liegen imposante Atriumhäuser, kleine Boutiquen mit einer *Pergula*, „Ladenhäuser" und *Cenacula*, und im gleichen Viertel vereinigen sich die verschiedensten sozialen Schichten mit den unterschiedlichsten Lebensbedingungen.

Rechts

Blaue Vase

In Kameentechnik gravierte Vase,
1. Jh. n. Chr.
Höhe: 32 cm
Aus einem Grab der Gräberstraße in Pompeji
Archäologisches Nationalmuseum
Neapel

Unten

Kohlebecken mit grotesken Masken

Bronze, 1. Jh. n. Chr.
Höhe: 25 cm, Länge: 61,5 cm,
Breite: 38 cm
Aus Herculanum
Archäologisches Nationalmuseum
Neapel

DIE ENTWICKLUNG DES PATRIZIERHAUSES UND DER GARTEN

Neben der schmückenden Verwendung von Marmor, der jetzt in den Steinbrüchen von Luni gewonnen wird, in Kampanien überreich zum Einsatz kommt und schließlich alle Impluvien in Pompeji bedeckt, ist die bedeutendste Neuerung dieser Zeit in den mit Atrium und Peristyl versehenen Behausungen der Oberschicht die Nutzung fließenden Wassers, das der Aquädukt von Serino jetzt bis nach Pompeji leitet. Die Straßen werden bereichert durch öffentliche Brunnen, die besonders jenen zugute kommen, dern Häuser nicht über Zisternen zum Auffangen des Regenwassers verfügen. Die Atriumhäuser, deren Besitzer die Anschlußkosten übernehmen, erhalten nun eine Verbindung zum Aquädukt.

Nachdem dadurch die Bewässerung erleichtert ist, erlebt man einen wahren Wettbewerb bei der Verschönerung der Gärten. In jenem des Julius Polybius stieß man auf die Wurzeln von vier großen Obstbäumen, dem Grundstock bei der Anlage der ältesten Gärten, die hier offenbar bewußt erhalten wurden nicht nur als Zeichen der Eleganz, sondern auch zur Unterstreichung des hohen Alters der Familie und ihres Wohnsitzes. Zur Mode wird jetzt die Anlage von Rasenflächen, ein eindrucksvoller Pflanzenschmuck und die sorgsame Beachtung der Blütenfolge, um höchstmögliche Harmonie zu erreichen.

SPRINGBRUNNEN UND NYMPHÄEN

Das fließende Wasser kommt zur rechten Zeit, um in den pompejanischen Häusern, soweit das in städtischer Umgebung möglich ist, den Luxus und die Bequemlichkeit der Landhäuser in der Umgebung nachzuahmen. Die Kaiser und die Angehörigen der Aristokratie genießen nun im Sommer den Aufenthalt in Nymphäen – zumeist an Ufern angelegten Grotten, bereichert durch das Plätschern von Wasser und dekoriert mit Statuen und sonstigen Kunstwerken –, wo die ästhetischen Genüsse von der Nachmittagshitze ablenken: der Grotta Azzurra oder der Matromania-Grotte auf Capri oder der Grotte von Sperlonga, um nur die bekanntesten davon zu nennen. Nun unternimmt man es, in der Stadt solche Nymphäen nachzuschaffen, indem man künstliche Grotten anlegt, eindrucksvolle Anlagen, in denen eine Hauptrolle das Wasser spielt, das sich in Kaskaden über eine Reihe von Stufen in ein Becken ergießt. Das Nymphäum im Haus der Jahrhundertfeier ist das bei weitestem glänzendste Beispiel dafür, und in den „Trikliniums-Nymphäen" (die besonders bemerkenswert sind durch den überwältigenden Aufwand von Marmor) etwa im Haus der Julia Felix (II, 4, 3) oder im Haus des goldenen Armbands (VI, *Ins. occ.*, 42) kommt es zu einer Verbindung zwischen der Grotte und dem *Stibadium*, einer Art von Sommertriklinium unter freiem Himmel.

Nachdem man nun einmal eine „echte" Grotte nicht erbauen kann, bemüht man sich, dem Original so weit wie möglich nahezukommen, indem man um große Brunnen herum Nischen anlegt, die mehr oder weniger die Form natürlicher Höhlen nachahmen und mit Muscheln und großartigen Mosaiken aus farbigen Glaspastesteinchen ausge-

Seite 112

Schöpfkelle

Silber, 1. Jh. n. Chr.
Aus Pompeji
Archäologisches Nationalmuseum
Neapel

Kleines Schälchen mit Henkel oder langem Stiel für Ausgießungen bei Weihehandlungen oder zum Ausschöpfen des Weines aus einem Krater

Oben rechts

Wasserkessel mit Löwenfüßen

Bronze, 1. Jh. v. Chr. / 1. Jh. n. Chr.
Höhe: 46 cm; aus Pompeji
Archäologisches Nationalmuseum
Neapel

Unten

Henkelschale

Silber, 1. Jh. n. Chr.
Höhe: 12 cm; aus Pompeji
Archäologisches Nationalmuseum
Neapel

Seite 113

Oben

Weinkännchen

Silber, 1. Jh. n. Chr.
Höhe: 24 cm, Durchmesser: 9,5 cm
Aus dem Haus des Menander in Pompeji
Archäologisches Nationalmuseum
Neapel

Mitte

Kleine kannelierte Kanne

Silber, 1. Jh. n. Chr.
Höhe: 10 cm
Aus dem Haus des Menander in Pompeji
Archäologisches Nationalmuseum
Neapel

An der Henkelbefestigung ein vollplastisches Frauenköpfchen

Unten

Schöpfkelle

Silber, 1. Jh. n. Chr.
Höhe: 7,1 cm, Länge: 27 cm,
Durchmesser: 15 cm
Aus Pompeji
Archäologisches Nationalmuseum
Neapel

Mit einem Griff versehene Schale für Weihehandlungen oder das Ausschöpfen von Wein aus einem Krater

schmückt sind. Anschauliche Beispiele dafür liefern uns die Häuser mit dem großen und mit dem kleinen Mosaikbrunnen, das des verwundeten Bären (VII, 2, 45), das der Wissenschaftler (VI, 14, 43) oder das des goldenen Armbands (VI, *Ins. occ.*, 42).

Von nun an bietet es keine Schwierigkeiten mehr, die Gärten zu bereichern mit Wasserspielen in Form abgestufter Brunnen, mit Springbrunnen, mit Wasser, das aus dem Mund von Delphinen quillt, oder mit Becken, die von Putten oder grimmigen Masken in Bronze oder Marmor gehalten werden und die allesamt nach Vorbildern geschaffen werden, welche die griechische Kunst in unerschöpflicher Menge bereithält.

SKULPTUREN IN HAUS UND GARTEN

Der Garten wird nun zu einer wahren Galerie von Kunstwerken, die den Vergleich mit jenen nicht zu scheuen brauchen, die man in den Villen der reichen Kunstsammler der Zeit bewundern kann, welche ständig auf der Jagd nach den schönsten Stücken griechischer Kunst sind und für die sie bereitwillig jeden Preis bezahlen. Alleen und Umrandungen werden begleitet von Sockeln und Pilastern, auf denen Hermen und Masken stehen, Amoretten und Waldgottheiten und Statuen der Venus, des Bacchus und des Herkules. Die eindrucksvollste „Garten-Galerie" ist zweifellos die in der Villa der Papyri in Herculanum, gefolgt von jenen im Haus der Vettier (VI, 15, 1), im Haus der goldenen Amoretten, im Haus des Kitharaspielers oder im Haus des Marcus Lucretius (IX, 3, 5), in denen sich schönste Beispiele für die Vielfalt und den Reichtum an Gartenskulpturen erhalten haben. Im Haus des Octavius Quartio (II, 2, 2), der ebenso wie Fabius Rufus auf den Garten umgebende Portiken zugunsten einer stärkeren Öffnung auf die Natur ringsum verzichtet, sind die Statuen „nach ägyptischer Art" entlang eines langen Kanals aufgestellt, eines *Eurypos*, der den großen Garten durchfließt und den Nil symbolisiert, den Lebensspender für die von ihm bewässerten Lande. Es ist nicht sehr wichtig, daß diese in Pompeji aufgestellten Statuen meistens Kopien sind oder daß sie aus einer Serienfertigung stammen. Die Skulptur ist von nun an ein ebenso unverzichtbares Dekorationselement für die Gärten und Nymphäen, wie es schon immer die Malerei für die Innenräume gewesen war. Es ist jedoch nicht leicht, sich anhand der Dekorationselemente eines Hauses ein Bild von der Persönlichkeit und Kultur seines Besitzers zu machen. Dieses Unterfangen kann sich vielmehr als recht gefährlich erweisen,

Links, oben

Schale mit stilisierten Blättern

Silber, 1. Jh. n. Chr.
Höhe: 8 cm, Durchmesser: 13,4 cm
Aus der Gegend des Vesuvs
Archäologisches Nationalmuseum
Neapel

Links, unten

Kleine Flasche

zum Kühl- oder Warmhalten
Silber, 1. Jh. n. Chr.
Höhe: 15 cm, Durchmesser: 11,2 cm
Aus Pompeji
Archäologisches Nationalmuseum
Neapel

Unten

Platte

Silber, Mitte des 1. Jh. n. Chr.
59,5 x 40,5 cm
Aus Herculanum
Archäologisches Nationalmuseum
Neapel

denn die ausgestellten „Kunstgegenstände" müssen nicht immer wahre Kunst sein und müssen auch nicht immer das Kunstverständnis des Hausherrn widerspiegeln, sondern sind eher, gelegentlich recht oberflächlicher, Ausdruck persönlicher Neigungen, die, wie wir sehen werden, nicht immer sehr hoch angesiedelt sein müssen. Den Römern gelang es bei aller Offenheit für ästhetische Kriterien nie so recht, sich mit dem Begriff des „l'art pour l'art" anzufreunden, der Auffassung, daß Kunst ein Wert an sich ist, die typisch ist für die griechische Kultur. Sie schätzten an der Kunst die praktischen Werte: das dekorative Element und die Eigenschaft, mit der Aufstellung von Kunstwerken das Prestige des Hausherrn zu erhöhen. Selbst bedeutende Persönlichkeiten konnten sich dieser eher nüchternen Einstellung der Kunst gegenüber nicht entziehen. So hat zum Beispiel Cicero, um nur ihn zu zitieren, Atticus um die Beschaffung von Reliefs auf dem Kunstmarkt gebeten, um sie für die Auskleidung eines kleinen Atriums zu verwenden. Es ist daher nicht weiter überraschend, wenn man in reichen pompejanischen Wohnsitzen auf Bronzestatuen großen Stils trifft, sicher Kopien von Statuen höchsten Ranges in der erhabensten Tradition griechischer Kunst, die als Fackelhalter zur Beleuchtung des Trikliniums bei nächtlichen Gelagen dienen, wie die *Lychnophoroi*, die man in den Häusern des Fabius Rufus oder des Julius Polybius oder im Haus des Epheben (I, 7, 11) fand. In anderen Fällen handelt es sich um Originalstücke aus der künstlerischen Tradition Alexandrias, wie bei den kleinen Bronzen der *Placentarii*, also Kuchenverkäufer, die man im Haus des Epheben fand, wo sie als Träger für Tabletts dienten. Von ganz anderer Auffassung zeugen dagegen wieder die gar nicht so selten aufgefundenen Hochreliefs in Marmor von höchster Feinheit, wie etwa Büsten oder Pranken wilder Tiere, die nahezu vollplastisch zwischen Ranken, Voluten und Akanthusblättern in Flachrelief herausgearbeitet sind und die Verwendung fanden für luxuriöse Tische oder *Cartibula*, die teils im Garten und teils im Atrium aufgestellt waren.

Frauenporträt
Fresko im III. Stil
41 x 26 cm
Aus Herculanum
Archäologisches Nationalmuseum
Neapel

HERMEN UND STATUEN

Von weit größerem künstlerischem Interesse und weit origineller sind die Marmor- oder Bronzebüsten, die zunächst Grabmalkunst in der realistischen italischen Tradition waren, in republikanischer Zeit Ausdruck eines begeisterten Personenkults wurden und nun ihren Einzug halten in die Atrien der patrizischen Wohnsitze, wo sie zu Symbolen des Bürgerstolzes und der Bedeutung der Familie werden wie einst die Statuen der um den Staat verdienten Bürger, die auf dem Forum und an anderen öffentlichen Plätzen aufgestellt wurden.

Die Marmorhermen im Haus des Cornelius Rufus (VIII, 4, 15) oder im Haus des Orpheus (VI, 14, 20) oder die Bronzebüsten im Wohnsitz des Caecilius Jucundus (V, 1, 26) wurden als Zeugnisse der Bedeutung zum ehrenden Angedenken aufgestellt und symbolisieren auch die Dankbarkeit der *Familia*.

Im Gebäude der Eumachia steht die Statue der Priesterin, welche die Tuchwalker zu Ehren ihrer Beschützerin aufstellen ließen. In der Mysterienvilla ehrt die sogenannte Statue der Livia – in Wahrheit die einer anderen Priesterin – das Andenken an die Besitzerin der Villa, Angehörige einer der großen Familien, der *Gens* Istacidia. Diese beiden Statuen folgen im Faltenwurf und den Frisuren der klassizistischen Mode, die in Rom von den Frauen der kaiserlichen Familie eingeführt worden war.

Medaillonbild eines jungen Mannes
Fresko im IV. Stil
28 x 22 cm
Aus Herculanum
Archäologisches Nationalmuseum
Neapel

LUXURIÖSE NIPPSACHEN

Dieses wilde Bestreben, seinen Reichtum zu zeigen, dieser Drang zur Äußerlichkeit, diese beständige Sucht nach Darstellung des gesellschaftlichen Ranges findet ihren Ausdruck auch oft auf dem Gebiet der Kleinkunst, deren vielfach von begabten Meistern gestaltete Erzeugnisse bei den Sanmlern sehr begehrt waren. Diese prestigeträchtigen wertvollen Silberwaren, die für das Haus das sind, was der Schmuck für den Körper ist, wurden bei Einladungen und Banketten gerne vorgeführt. Der Überfluß an solchen silbernen und auch goldenen Gegenständen, insbesondere beim Tafelgeschirr, war eines der geschätztesten äußeren Zeichen des Reichtums, weil sich damit sowohl der persönliche Geschmack des Gastgebers als auch seine wirtschaftliche Macht zur Geltung bringen ließ. Petronius, der „Schiedsrichter in Fragen der Eleganz“ am Hofe von Kaiser Nero, vermittelt uns ein vielsagendes Bild von dieser Leidenschaft, indem er in seinem Roman *Satyricon* im Hause des Trimalchio, des unvergeßlichen „Neureichen“, einen Diener Erbsen in einer silbernen Schale aushülsen läßt.

Aus Glas, das bisher geringgeschätzt und weitverbreitet war und mit dem man gewöhnlich die Formen edlen Tafelzeugs nachahmte, entstehen nun Meisterwerke wie die „Blaue Vase“, in Kameentechnik verziert mit Putten bei der Weinlese unter Ranken und Reblaub, oder die Glasschalen von Stabiae, die durchscheinenden Obsidian nachahmen und geschmückt sind mit Relieffiguren nach ägyptischen Motiven und mit

Einfassungen und Einlagen aus verschiedenfarbigen Korallen und Goldfäden. Silbergerät hat man in vielen pompejanischen Häusern gefunden, aber man sollte insbesondere zwei Sammlungen erwähnen, die geschlossen erhalten blieben. Die eine stammt aus dem Haus des Menander und umfaßt 118 Einzelstücke, die andere mit 109 Teilen aus der Villa della Pisanella in Boscoreale. In beiden finden sich Stücke aus den verschiedenen Epochen vom Ende der Republik bis in die Zeit Neros, vor allem aber aus der Ära des Augustus. Der Figurenschmuck ist inspiriert von dionysischen, mythologischen, naturalistischen, philosophischen und allegorischen Themen. Auch hier wieder ist die griechische Tradition das große Vorbild, von dem ausgehend die Gold- und Silberschmiede – manche davon sicher aus Rom oder Kampanien – ihre hohe handwerkliche Meisterschaft in den Techniken der Ziselierung und der Treibarbeit entwickeln. Bronzene Schüsselwärmer, Kohlebecken, Kandelaber, Laternen, Tischgeräte, Waffeleisen usw., meist mit Reliefdekorationen von gelegentlich außerordentlicher Feinheit, tragen ebenfalls dazu bei, dem Haushalt Glanz zu verleihen, und sind Bestandteil des Luxus, der inzwischen jenseits aller Moden als unumgänglich zur Darstellung der gesellschaftlichen Stellung betrachtet wird.

Medaillonbild einer jungen Frau
Fresko im IV. Stil
28 x 22 cm
Aus Herculanum
Archäologisches Nationalmuseum
Neapel

DIE WANDMALEREI: DER III. STIL

Schon während der letzten Jahre der republikanischen Zeit hatte der II. Stil erhebliche Veränderungen erlebt, die ihn bei der Architekturdarstellung mehr und mehr vom Realismus zum Illusionismus mit Effekten der optischen Täuschung geführt hatten. Die Strukturen wurden zurückhaltender und schienen nun eher eine eigentlich malerische Dimension anzunehmen statt der bisherigen Reproduktion der Realität. Die perspektivischen Ansichten von Bauten und Kolonnaden in der Mitte der bemalten Wand machen nun „eigentlichen Bildern" Platz, und die Scheinarchitekturen werden zunehmend zu einer Art von Umrahmung. Während man vorher die Wand durch illusionistische Spielereien sozusagen verschwinden lassen wollte, wird sie nun zum Träger für selbständige ornamentale und phantastische Darstellungen, in denen die Säulen sich verwandeln in Pflanzenstengel oder Kandelaber, während die Flächen unterteilt und gegliedert werden.

Ein berühmter Zeitgenosse allerdings, der Architekt Vitruv, äußert seine Ablehnung und sein Unverständnis gegenüber dieser neuen Form der Dekoration: „Auf den Verputz malt man jetzt lieber Ungeheuerlichkeiten [*monstra*] als naturgetreue Nachbildungen von ganz bestimmten

Bacchus und Mänade

Fresko im IV. Stil
36 x 37 cm
Herkunft unbekannt
Archäologisches Nationalmuseum
Neapel

Sogenannte Sappho

Fresko im IV. Stil
31 x 31 cm
Aus Pompeji, Region VI, *Insula occidentalis*
Archäologisches Nationalmuseum Neapel

Die junge Frau ist dargestellt mit einem Schreibgriffel und einer Art von Buch in Form mehrerer Wachstäfelchen als Attributen einer gebildeten Person. Das Netz aus Goldfäden, das ihr Haar nach der Mode der neronischen Epoche zusammenhält, und die schweren goldenen Ohrringe kennzeichnen die Zugehörigkeit zu wohlhabenden Kreisen, und das leichte Schielen ist ein charakteristisches Merkmal der Venus. Dem hier gezeigten Porträt der jungen Hausherrin stand ein Porträt ihres Mannes gegenüber, der mit einem Werk des Philosophen Plato in den Händen dargestellt ist.

Dingen. An die Stelle von Säulen setzt man kannelierte Rohrstengel, mit gekräuselten Blättern und Voluten, an Stelle von Dachgiebeln künstliche Arabesken, ferner Kandelaber, die kleine Tempel tragen, über deren Giebeln sich zarte Blumen aus Wurzeln mit Voluten erheben, auf denen sinnlos kleine Figuren sitzen, ferner Pflanzenstengel mit Halbfiguren, von denen die einen Menschen-, andere Tierköpfe haben. So etwas gibt es nicht, kann es nicht geben, hat es nicht gegeben. Wie kann denn ein Rohr ein Dach oder ein Kandelaber den Schmuck eines Giebels tragen … ?"

Herakles findet seinen Sohn Telephon in Arkadien
Ausschnitt: der Kopf des Herakles
Fresko im IV. Stil
218 x 182 cm
Aus der Basilika in Herculanum
Archäologisches Nationalmuseum
Neapel

Die Komponenten und Bedeutungen der Dekorationsmuster jener Malerei, deren Aufgabe es war, Häuser so auszugestalten, daß sie den Rang und die gesellschaftliche Stellung des Besitzers veranschaulichten, waren nun allgemein geläufig. Die Malerei kann also nun auf die beschreibende Darstellung der Realität verzichten und sich darauf beschränken, diese anzudeuten, wofür sie eine eigene, rein symbolische Ausdrucksweise entwickelt. Jeder Betrachter ist sich jetzt der allegorischen Bedeutung einer Säule bewußt, und diese muß nun nicht mehr realistisch dargestellt werden, damit ihre Funktion auf der Wand klar erkennbar wird. Sie kann sich daher symbolisch und auf eine viel dekorativere Weise verwandeln in einen Stengel oder einen Kandelaber. Die Malerei kann nun, befreit von der Tyrannei der Architekturimitation, einen eigenständigen bildnerischen Weg verfolgen.

So entsteht und verbreitet sich der III. Stil, überaus erfindungsreich und vielleicht der schönste von allen. Einer präzisen dekorativen Vorgabe folgend, wird die Wand nun in drei Zonen geteilt: den Sockel, das Mittelfeld und die Oberzone. Auch bei den vorhergehenden Stilen ergab sich diese Gliederung schon logisch, doch nun wird sie zum streng verbindlichen Kanon. Jede Wand für sich, deren Zusammenspiel mit den anderen nur noch formell und im Hinblick auf die Gesamtwirkung berücksichtigt wird, gewinnt nun ein Eigenleben. Die Architekturen in der Mittelzone, der wichtigsten, öffnen sich zur Mitte hin und formen eine Ädikula, die nur noch als Rahmen den Blick lenken soll auf eine große figürliche Darstellung, im allgemeinen der griechischen Mythologie entnommen, dem Brennpunkt der Gesamtdekoration und der Ort, an dem ein Spezialist für solche Gemälde, der *Pictor imaginarius*, sein ganzes Talent beweisen kann. Diese Gemälde, die von den Motiven her oft in allen Räumen eines Hauses vom gleichen Themenkreis bestimmt sind, gehören zum schönsten, was uns an antiker Malerei erhalten blieb. Dennoch dürfen wir sie nicht unbedingt als „Dokumente" nehmen zur Information über die Malerei der alten Welt und nicht als Belege für

den unmittelbaren schöpferischen Gestus. Denn die Maler kopierten hier Szenen nach „Kartons", Vorlagen eines vielfältigen Repertoires, die sie je nach Einflüssen und eigenem Können umsetzten und abwandelten. Diese Malereien beeindrucken uns trotz einer gewissen Kühle im Ausdruck durch die Kraft ihrer Farben, die dargestellten Szenen, ihre Gesamtauffassung und die Welt, die sie heraufbeschwören und verschaffen uns nicht ästhetischen und geistigen Genuß, sondern eher emotionellen und intellektuellen von einer seltenen Eindringlichkeit.

Theseus und der Minotaurus
Ausschnitt
Fresko im IV. Stil
194 x 155 cm
Aus der Basilika in Herculanum
Archäologisches Nationalmuseum
Neapel

Die Malereien in vielen Häusern Pompejis, so vor allem die in größeren Abmessungen wie etwa im Haus des Kitharaspielers, im Triklinium der Kaiservilla oder im Haus der schicksalhaften Liebe (IX, 5, 18-21), sind für uns eine bedeutende Quelle für die Kulturgeschichte. Zu beiden Seiten der Ädikula ist die Wand aufgeteilt in Felder gleichmäßiger Tönung, übersät mit feinen Dekorationen rund um ein Mittelbild mit einer oft „impressionistischen" figürlichen oder Landschaftsdarstellung ohne unmittelbaren Bezug zu den sonstigen Elementen der Wand.

In der Oberzone werden die Architekturen miniaturenhaft und drücken mit ihren arabesken-, ranken- und volutenförmigen pflanzlichen Elementen, die jetzt bestimmender Bestandteil des dekorativen Repertoires werden, die bewußte Ablehnung realer Gestaltung aus. Dem jetzigen Zeitgeschmack entsprechen schlichte ornamentale Kompositionen mit kleinen Landschaftsbildern oder Stilleben, Masken oder Phantasiefiguren; was immer die Vorstellungskraft hervorbringt, ist harmonisch eingefügt in einen streng und rationell gegliederten Gesamtrahmen.

Ägypten, nach der Schlacht vor Actium persönlicher Besitz des Kaisers geworden, scheint in den Träumen der Pompejaner einen bevorzugten Platz eingenommen zu haben mit den Geheimnissen seiner jahrtausendealten Gottheiten, die sich schon seit langem der römischen Götterwelt zugesellt haben, und seinen von Pygmäen und exotischen Tieren bevölkerten Niluferlandschaften. Als unerschöpfliche Quelle für die Innendekoration ist Ägypten nicht nur zur Mode geworden, sondern fast schon zur Besessenheit.

Der Zug zur Einfachheit führt zu einer Atmosphäre außerordentlicher Raffinesse. Zu den eleganten Wanddekorationen treten als Bodenschmuck Mosaiken in geometrischen Mustern von großer Schlichtheit in Schwarz und Weiß unter Verzicht auf jeglichen Reliefeffekt oder Farbigkeit. Selbst dort, wo – wie etwa im Atrium des Hauses des Paquius Proculus (I, 7, 1) – man doch noch zu figurativen Darstellungen zurückkehrt, nehmen diese die Form einfacher geometrischer Ornamente an.

Nachdenkliche Frau

Fresko im IV. Stil
53 x 49 cm
Aus der Villa der Ariadne in Stabiae
Archäologisches Nationalmuseum
Neapel

GEMALTE GÄRTEN

Die auffälligste Besonderheit dieses III. Stils sind die ausgedehnten gemalten Szenerien, die phantasievolle Gärten ins Innere der Häuser holen. Diese Malereien auf einer einzelnen Wand oder auch auf allen Seiten eines bestimmten, dem Familienleben vorbehaltenen Raums, gelegentlich zur Betonung des intimen Charakters unter Verwendung von Marmor oder unter Einbezug von *Tabulae pictae* (Staffeleibildern also im Gegensatz zu direkt auf den Verputz gemalten) zeigen in harmonischen Kompositionen eine Welt von Pflanzen und Tieren. Ähnlich wie die großartige Mosaikdarstellung der Unterwasserwelt aus dem Haus des Fauns stellen diese Malereien ein wahres Kompendium der verschiedenen Vogelarten und der in den Villengärten der Region heimischen Pflanzen dar. Hier wird ganz klar der Wunsch spürbar, die Natur, die man draußen bewundern kann, ins Haus selbst hereinzuholen, um sich hineinzuversenken und ihren Pulsschlag zu spüren, bei dem man seine Sorgen vergessen kann. In dieser durch die Malerei geschaffenen Fiktion ist die Natur frei: die Vögel sind nicht in Volieren eingesperrt und die Pflanzen können ungeordnet in fröhlichem Durcheinander wachsen. Diese Malerei steht in der Nachfolge des II. Stils mit seinen Effekten des Trompe d'oeil, der optischen Täuschung: Die aufmerksame und detailgetreue Darstellung der realen Tier- und Pflanzenwelt enthüllt sich als traumhafte Abstraktion im Streben nach einer imaginären und idealisierten Realität, die hinter dieser Maske täuschender Echtheit eigentlich gar nicht existiert. Auch hier wieder verbindet sich der Traum mit Kunst und Geist.

Der III. Stil vermittelt uns ein treues Spiegelbild der Gesellschaft zur Zeit der frühen Kaiserzeit quer durch die verschiedenen Ausprägungen und bei allen Unterschieden von Ort zu Ort. Nachdem die politischen Wirren ein Ende fanden, hat man auch kein Interesse mehr an den bewegten Kompositionen des II. Stils, sondern strebt nach formaler Ausgewogenheit, Schlichtheit bis hin zur Kargheit und insgesamt nach den Werten der Vergangenheit und der klassischen Welt.

Eine neue Ära der Stabilität scheint sich für eine nunmehr wieder geordnete Welt unter gesicherter Herrschaft zu eröffnen, und der Wunsch nach Ordnung und Regelmäßigkeit findet seinen Ausdruck auch in der Wandmalerei. Gelenkt durch Prinzipien, an denen niemand mehr zu rütteln wagt, finden nun die malerischen Vorstellungen der Künstler ebenso wie die Stimmungen der endlich befriedeten Menschen dieser Zeit ihren eigenen Ausdruck der schlichten Freude am Leben.

Gartenszene
Ausschnitt
Fresko im IV. Stil
Von der Südmauer des Gartens im sogenannten „Haus der Venus in der Muschel" in Pompeji

Die Mauer, die den Garten vor Blicken schützt, ist geschmückt mit der berühmten Darstellung der in einer Muschel dahinsegelnden Venus mit den Formen einer Frau aus dem Volk. Zu deren beiden Seiten entfalten sich prächtige Gartenszenerien, in denen sich zum Beispiel dieser langschnäblige Vogel findet, der sich mit zaghaften Schritten inmitten einer blühenden, von gemalten Flechtzäunen umgrenzten Gartenlandschaft bewegt.

Oben

Die drei Grazien

Ausschnitt
Fresko im III. Stil
57 x 53 cm
Pompeji, Haus IX, 2, 16
Archäologisches Nationalmuseum
Neapel

Rechts

Die drei Grazien

Fresko im III. Stil
53 x 47 cm
Pompeji, Region VI, *Insula occidentalis*
Archäologisches Nationalmuseum
Neapel

WANDEL IN DEN LETZTEN DREI JAHRZEHNTEN

Mars und Venus
Fresko im IV. Stil,
154 x 117 cm
Pompeji, Haus der schicksalhaften Liebe
Archäologisches Nationalmuseum
Neapel

Sueton berichtet bezüglich Neros und dessen neuer kaiserlicher Residenz, er habe „einen Palast errichten lassen, der sich vom Palatin bis zum Esquilin erstreckte. Er war so groß, daß er über eine dreifache Kolonnade von mehr als einer Meile Länge verfügte und über einen See, weit wie das Meer und umgeben von Gebäuden, die wie eine eigene Stadt wirkten; dem schlossen sich weite Grünflächen an, bebaute Felder, Weingärten, Weideland und Waldungen, die bewohnt waren von wild lebenden Tieren aller Art ..." Dieses *Goldene Haus*, die gewaltigste Residenz aller Lander und Zeiten, nie vollendet, war mehr als der größenwahnsinnige Traum eines römischen Herrschers mit grenzenloser Macht. Es war auch Ausdruck des Lebensgefühls einer Epoche, die beherrscht war vom Wohlleben und sich, weitab von der zur Zeit des Augustus beschworenen Schlichtheit und Strenge, hektisch jeder Verschwendung und Ausschweifung hingab. In allen Manifestationen dieser Epoche ist ein regelrecht besessenes Streben nach überraschenden und in Erstaunen versetzenden Wirkungen spürbar und nach einem Lebensstil, in dem sogar in das Alltägliche das Außergewöhnliche eindringt. In allen Bereichen herrscht große Freizügigkeit, ja Zügellosigkeit, und das Leben scheint einzig und allein Anlaß zu sein für Vergnügungen, und seien diese noch so unsinnig. Christen werden lebendig verbrannt, um als Fackeln zu dienen, und über das Leben der Gladiatoren entscheidet die Laune des Pöbels. Kaiser Claudius läßt hundert Schiffe, darunter schwere Drei- und

Vierruderer, zum See von Fucino im Apennin schaffen, wo neunzehntausend Mann eine Seeschlacht vorführen müssen, die in einem Blutbad endet; Nero läßt den Sporus kastrieren, um ihn zu seiner Gattin zu machen; man wiegt auf dem Markt die seltensten und größten Fische fast in Gold auf, nur um damit bei den endlosen Gelagen seine Freunde beeindrucken zu können – das alles kennzeichnet das Klima dieser Epoche mit ihrem „barocken" Gepräge, wobei dieser Ausdruck hier wohl wesentlich im ursprünglich negativen Sinn von schwülstig, überzogen zu verstehen ist.

Maßlosigkeit und Unausgewogenheit schlagen unvermeidlich auch auf die Kunst durch. Der elegante, schlichte Wohnsitz des Augustus auf dem Palatin muß der protzigen Pracht von Neros *Domus Aurea* weichen, während die dekorative Einfachheit des III. Stils nach und nach verdrängt wird durch Gefallen an Überladenem und Spektakulärem, das sich bereits unter Claudius anzeigt und ungebremst in den Malereien des Fabullus für die Residenz Neros austobt.

WANDMALEREI DES IV. STILS

Im III. Stil war in der Endphase bereits eine gewisse Tendenz zur Überladung der Wanddekoration spürbar. Die Elemente der das Mittelbild umrahmenden Ädikula verwandeln sich allmählich zu schmalen ornamentalen Feldern, in denen dann wiederum durch gemalte Architekturen Effekte der Perspektive und der Öffnung geschaffen werden, während gekurvte und gewellte Linien, welche die Illusion gewölbter oder gehöhlter Formen erwecken sollen, mehr und mehr die ganze dekorierte Fläche erobern. In der Oberzone, die gleichwohl weiterhin sozusagen unabhängige Miniaturarchitekturen zeigt, wagt man sich jetzt an immer kompliziertere Perspektiven und an figürliche Darstellungen wie Masken, Dreifüße, *Oscilla*, geöffnete Türen oder kleine Gemälde, die sich dort in immer merkwürdigeren Kompositionen ohne Rücksicht auf Logik oder Zusammenhang ausbreiten. Die Wände im Tablinum des Hauses des Marcus Lucretius Fronto (V, 4, a) sind mit ihrer Überfülle an vielfarbigen Blumenmotiven, den mit minutiös gemalten Details überladenen Bordüren der Seitenstreifen und den apollinischen und dionysischen Symbolen eines der typischsten Beispiele für dieses Genre.

Im IV. Stil verstärken sich diese Tendenzen noch. Die Seitenstreifen der Mittelzone „öffnen sich" zu Architekturperspektiven, die den Blick weit über die Wand hinaus führen. Gelegentlich wird die ganze Wand

Mars und Venus
Ausschnitte

Oben

Zentaur und Mänade

Ausschnitt
Fresko im III. Stil,
30 x 136 cm
Pompeji, Villa des Cicero
Archäologisches Nationalmuseum
Neapel

Links

**Dionysos als Kind,
auf einem Panther reitend**

Mosaik im I. Stil,
163 x 163 cm
Pompeji, Haus des Fauns
Archäologisches Nationalmuseum
Neapel

zu einer Art von Bühne für komplizierte, phantastische architektonische Spielereien, die nicht mehr das geringste zu tun haben mit den „realistischen“ Scheinarchitekturen des II. Stils. Die Farben werden aggressiv, und die Farbkontraste zwischen den verschiedenen Wandzonen – die sich bisher auf harmonische Gegenüberstellungen gedämpfter Hintergrundtöne beschränkten – werden nun grell und heftig. Die ornamentalen Motive, ausgeführt mit der Sorgfalt von Miniaturen und einer fast schon manischen Detailversessenheit, häufen sich und durchdringen einander in einer Überfülle, die einen regelrechten *Horror vacui*, die Angst vor der Leere spüren lassen. Die Malereien nehmen nun den Charakter von Bildteppichen an oder erscheinen als auf Tücher oder sogar vom Wind geblähte Vorhänge gemalte Szenen, wie etwa im Tablinum des Hauses mit den Jagdbildern (auch Haus der Jagd in alter Zeit genannt, VII, 4, 48), deren Umrandungen den Malern alle Möglichkeiten zur Entfaltung ihrer Virtuosenfähigkeiten in einer Vielzahl dekorativer Effekte geben. Im Mittelpunkt der jeweiligen Dekoration ziehen in der Luft schwebende oder in Medaillons gesetzte Personen die Aufmerksamkeit auf sich oder auch Genreszenen und Landschaften. Dabei steht die neue Darstellungsweise dieser Gemälde in absolutem Gegensatz zur überladenen Dekoration auf den Bordüren dieser „Bildteppiche“, die so typisch ist für den IV. Stil. Denn eine gewisse Flüssigkeit des Pinselstrichs, eine gewissermaßen „impressionistische“ Malweise, die sorgfältige Verwendung von Schatten zur Betonung der Körperformen machen diese Szenen sehr lebendig. Überdies sorgen die Pinselstriche und Farbflecken, vor allem in den Landschaften, im Wechsel von Licht und Schatten für Hell-Dunkel-Effekte, die einen Eindruck von Tiefe vermitteln.

All diese so ungemein vielfältigen Strömungen finden ihren Ausdruck im herkömmlichen Kompositionsrahmen und bestehenden Kanon. Dabei findet man häufig auch in einfacheren Wohnstätten Wandmalereien, wenn auch gröber und weniger aufwendig. Diese verzichten auf komplizierte Ornamente zugunsten schlichter Bildflächen in bestimmten Grundtönen, die kleinformatig mit stereotypen Motiven nach Vorlagen aus der griechischen Tradition bemalt werden, die ständig wiederholt werden.

Satyr und Mänade
Fresko im IV. Stil,
44 x 37 cm
Pompeji, Haus der Epigramme
Archäologisches Nationalmuseum
Neapel

DIE *PARADEISOI* – GEMALTE TIERWELTEN

Neben den rein dekorativen Gestaltungen finden sich in vielen Häusern ausgedehnte figurative Wandmalereien – mythologische Szenen

Schlafende Mänade
Fresko im III. Stil,
230 x 153 cm
Pompeji, Haus des Kitharaspielers
Archäologisches Nationalmuseum
Neapel

Eine Mänade ist, durch einen orgiastischen Tanz erschöpft, in tiefen Schlaf gefallen. Tamburin und Thyrsusstab sind ihren Händen entfallen. Dionysos tritt heran, um sich mit ihr zu vereinigen.

wie etwa die Geburt der Venus oder Jagdszenen, in denen sich wilde Tiere in unwirklichen Landschaften Kämpfe liefern –, die oft die Gesamtfläche einer Bildwand oder sogar die gesamte rückwärtige Mauer eines Gartens bedecken. Man scheint in diesen eindrucksvollen Malereien den unerhörten Glanz orientalischer Serails (*paradeisoi*) nachahmen zu wollen, wo wilde Tiere in halber Freiheit lebten. Gelegentlich verbinden sich, wie man das im Haus des Orpheus (VI, 14, 20) sehen kann, die Mythen mit einer naturalistischen Szenerie: Orpheus bezähmt durch sein Lyraspiel die Tiere. Bei der römischen Oberschicht waren Gärten, in denen man wilde Tiere hielt, nicht gerade selten. Bei Varro kann man nachlesen, daß weit vor Nero ein gewisser Hortensius bei Ostia einen wahren Zoo besaß, wo ein als Orpheus verkleideter Sklave zur großen Belustigung der Gäste die Tiere durch Gesang und Musik beruhigen mußte. Auch in dieser Beziehung wurde die Wandmalerei ein Instrument des Traums, indem sie dem Beschauer sehnlichst erwünschten, aber nicht erreichbaren Reichtum vorgaukelte.

VOLKSTÜMLICHE MALEREIEN

Eine gänzlich andere Art der Malerei, für die ebenfalls zahlreiche Beispiele erhalten blieben, nimmt in unserer Kenntnis der damaligen Kunst einen Platz für sich ein. In der volkstümlichen Malerei nämlich, die sich nicht um die von griechischer Kultur geprägten Maltraditionen kümmert, geht es um Schilderungen des Alltagslebens aus völlig illusionsloser Sicht und von großer Spontaneität. Im allgemeinen handelt es sich hier um Ladenschilder , Votivbilder für die Hausgötter oder kleine Genrebilder mit Wirtshausszenen, Handwerkern oder Händlern bei der Arbeit, religiösen Prozessionen, dem Treiben auf dem Forum oder freizügigen, aber eher derben Darstellungen sexueller Praktiken – kurz gesagt, allen Facetten irdischen Menschenlebens. Der erzählende Stil dieser Malereien macht sie zu wertvollen Dokumentationen des Lebens zur damaligen Zeit, und gleiches gilt auch für die Flachreliefs aus dem selben Milieu, oft von unerreichter Frische und mit der Lebhaftigkeit heutiger Comicserien.

Gelegentlich greifen diese Malereien und Reliefs im Stil heutiger Fotoreportagen ganz aktuelle Ereignisse auf, so zum Beispiel in dem berühmten kleinen Bild, in dem der Streit im Amphitheater zwischen Einwohnern von Pompeji und von Nocera im Jahre 59 n. Chr. festgehalten ist.

Oben

Theseus und der Minotaurus

Mosaik im II. Stil,
Durchmesser: 45 cm
Aus Pompeji
Archäologisches Nationalmuseum
Neapel

Rechts

Theseus als Befreier

Fresko im IV. Stil,
97 x 88 cm
Pompeji, Haus des Gavius Rufus
Archäologisches Nationalmuseum
Neapel

Nachdem er den Minotaurus besiegt hat, dessen Leiche man im Eingang zum Labyrinth liegen sieht, wird Theseus von den jungen Athenern als Sieger gefeiert, während die Kreter erschreckt und ungläubig dabeistehen.

Ariadne
Fresko im IV. Stil,
76 x 70 cm
Pompeji, Haus des Meleager
Archäologisches Nationalmuseum
Neapel

MOSAIKEN UND STUCK

Der barocke Geschmack des IV. Stils zeigt sich auch in der Dekoration der Böden mit komplizierten Kompositionen, in denen schwarze und weiße Mosaiksteine jetzt wieder das Material für figürliche Darstellungen sind, die zumeist gleich den Eingangsbereich schmücken, um dem Stolz des Besitzers zu schmeicheln. Die berühmte Wiedergabe des Wachhundes mit der Warnung „*Cave canem*" im Vestibül des Hauses des tragischen Poeten (VI, 8, 3) ist gleichermaßen typisch für diese Periode wie die Abbildung eines verwundeten Bären auf der Schwelle des danach benannten Hauses (VII, 2, 45), bei der einige wenige Farbtupfer zwischen den schwarzen und weißen Steinen bestimmte Partien des Bildes hervorheben. Man war bemüht, auch hier den Figuren helle Glanzlichter aufzusetzen, wie das bei den Wandmalereien inzwischen Mode geworden war, indem man weiße Steinchen nicht nur für die Konturen verwendete, sondern auch für Details des in Schwarz dargestellten Tierkörpers, um so in der Art von höhenden Pinselstrichen das Volumen bestimmter Teile anzudeuten.

Gleichzeitig entwickelt sich ein neues Interesse für Stuckarbeiten, die in Verbindung mit Malereien Verwendung finden, so wie etwa im Tablinum des Hauses des Meleager (VI, 9, 2), insbesondere aber an den Kranzgesimsen, die unter der Decke die Wände abschließen. Waren diese ursprünglich glatt und einfarbig, so werden sie jetzt bereichert mit Reihen von Palmetten und mit Lotusblüten in leuchtenden Farben. Auch die Thermen und andere öffentliche Gebäude legen nun in hohem Maße Zeugnis ab für das Wiederaufleben von Dekorationsformen des I. und II. Stils, die man im III.Stil, der wenig Interesse für das Relief gezeigt hatte, aufgegeben hatte. Ganze Wände, wie etwa im Gymnasium der Stabianischen Thermen, und Decken sind jetzt in Stuck dekoriert. Der Eindruck von Bewegung, den diese dreidimensionalen Motive erzeugen, der außerordentliche Figurenreichtum, die Vielfalt von Farben und nicht zuletzt die Schwierigkeit der Ausführung, die diese aufwendige Technik den Betuchten vorbehielt, verhelfen dem Stuck zu einer bestimmenden Rolle in der Kunst dieser Periode.

Der IV. Stil mit seiner Vielfalt von Ausprägungen erweist sich somit als protzende Ausdrucksform einer Gesellschaft, in der die aufsteigenden Klassen geradezu verzweifelt mit allen Mitteln bemüht sind, sich einen Platz an der Sonne zu sichern.

DIE FREIGELASSENEN UND DIE NEUEN UNTERNEHMER

Die Freigelassenen, also ehemalige Sklaven, die sich die Freiheit hatten erringen können, waren „neue Menschen", aufgestiegen aus dem Nichts und allein ihren Fähigkeiten erhebliche Vermögen verdankend; sie strebten für sich und für ihre Nachkommen nach gesellschaftlicher Anerkennung und Reputation.

Diese Freigelassenen, oft Fremde, bildeten ein neues Element, das in das Gleichgewicht der unteren Klassen Verwirrung brachte. Ohne Rücksicht auf familiäre Einschränkungen und Vorgaben und ohne Bedenken hinsichtlich eines bestimmten Ranges, wenn es darum ging, sich in einer Zeit zu bereichern, die dafür Tausende von Möglichkeiten bot, konnten sie, wenn ihr Ziel erst einmal erreicht war, ganz legitim danach trachten, sich einen geachteten Platz in der gesellschaftlichen Hierarchie zu verschaffen. Daher waren sie bestrebt, sich mit einer Aura des Prestiges zu umgeben, um jene geachtete Position zu erringen, die man sich mit Geld allein nicht kaufen kann.

Als umtriebige Unternehmer, umsichtige Geschäftsmänner und tüchtige Kaufleute bildeten sie das dynamische Element der Gesellschaft. Dem Immobilienbesitz, vorwiegend in Form von Ländereien, aus dem das Vermögen der alten besitzenden Klasse bestand, stellten sie erhebliche flüssige Mittel gegenüber, die es ihnen erlaubten, schnellstens auf sich bietende Gelegenheiten des Marktes zu reagieren und sich auch auf riskante Geschäfte einzulassen, die beträchtliche Gewinne versprachen. Geldverleih zu hohen Zinsen und die Finanzierung von Manufakturbetrieben waren ihre bevorzugten Geschäftsbereiche.

Herakles findet in Arkadien seinen Sohn Telephon wieder

Ausschnitt: Der von einer Hirschkuh gesäugte Telephon
Fresko im IV. Stil,
218 x 182 cm
Aus der Basilika in Herculanum
Archäologisches Nationalmuseum
Neapel

DAS ERDBEBEN VOM JAHRE 62 UND DIE IMMOBILIENSPEKULATION

Diese Erscheinungen, ziemlich verbreitet in der römischen Welt, nahmen in Pompeji einen besonders ausgeprägten Charakter an in der Folge des Erdbebens vom Jahre 62 n. Chr., das einerseits zu erheblichen Schäden führte und andererseits Anlaß war für eine umfangreiche Wiederaufbautätigkeit. Die Tatsache, daß sie über enorme sofort verfügbare Kapitalien verfügten, erlaubte es vielen dieser Neureichen, sich an gewinnbringenden finanziellen Operationen vor allem im Bereich der Immobilienspekulation zu beteiligen. Berühmte Besitzungen wechselten nun die Eigentümer, denn die neuen Geldmenschen konnten nun die Hände ausstrecken einerseits

nach den Gütern der großen römischen Familien, die keinen Sinn mehr darin sahen, kostenträchtige Villen inmitten eines zerstörten Umlandes zu unterhalten, und andererseits nach erheblich betroffenenen Stadthäusern, deren Besitzer nicht über die notwendigen Mittel zum Wiederaufbau verfügten. Obendrein führte der Zusammenbruch der Verwaltung, den das Erdbeben ebenfalls verursacht hatte, zu zahlreichen Mißbräuchen und zu vielen gleichermaßen ungenehmigten wie unkontrollierten Neubauten. Die städtischen Behörden sahen sich einem Ansturm von Einflußnahmen gegenüber und verfügten weder über die Entschlußkraft noch die Mittel zur Ausübung der Kontrolle oder zum Eingreifen gegen Verstöße.

Achilles auf Skyros

Fresko im IV. Stil,
140 x 90 cm
Pompeji, Haus der Dioskuren
Archäologisches Nationalmuseum
Neapel

DIE VERÄNDERUNG DER WOHNSTÄTTEN

Die Anzeichen für schnelle gesellschaftliche Veränderungen werden greifbar, wenn man sich bestimmte Häuser genauer anschaut. Umbauten, die es auch in früheren Perioden schon gab, häufen und beschleunigen sich. Die durch das Erdbeben verursachten Schäden werden hastig und flickwerkartig beseitigt; man verwendet jetzt Backstein ohne Rücksicht auf vorher benutzte Materialien und greift zur Fachwerkbauweise als wirtschaftlichster Methode. Bei dieser Gelegenheit nimmt man auch gleich radikale Veränderungen in der Struktur der jeweiligen Wohnstätten vor, ganz unabhängig von der jerweiligen Gesellschaftsschicht.

So wird das Haus des Menander, das einer der vornehmsten Familien Pompejis gehörte, aus der auch Poppaea, die Gattin Neros, stammte, als reines Spekulationsobjekt entscheidenden Veränderungen unterworfen. Die Decken der Räume rechts vom Atrium werden abgesenkt, um den Einbau eines Obergeschosses zu ermöglichen. Manche Häuser, die einen direkten Zugang zum Obergeschoß von der Straße aus haben, werden in Bordelle umgewandelt, die natürlich von Dienern betrieben werden. Um das Haus des Epheben zu vergrößern, vereinigt man mehrere Nachbarhäuser damit. Wo immer es möglich ist, fügt man ein Obergeschoß ein; im Haus der Caeii (I, 6, 15) schreckt man nicht davor zurück, zur Schaffung eines Zugangs für das neue Obergeschoß eine hölzerne Treppe im Atrium anzulegen, vor die man eine Trennwand legt, welche den Blick auf die dortigen Wandmalereien verdeckt.

Selbst bei jenen Häusern, bei denen sich Strukturveränderungen nicht feststellen lassen, kann man Veränderungen der sozialen Bedingungen der Bewohner erkennen. Mächtige Atriumhäuser der samnitischen Epoche werden umgebaut und in „Renditehäuser" umgewandelt. Im Haus der Ariadne (VII, 4, 31/51) wird in den Räumen um das zweite Peristyl eine

Achilles und Chiron

Fresko im IV. Stil,
125 x 127 cm
Aus der Basilika in Herculanum
Archäologisches Nationalmuseum
Neapel

Die Opferung der Iphigenie

Fresko im IV. Stil,
140 x 138 cm
Pompeji, Peristyl des Hauses des tragischen Dichters
Archäologisches Nationalmuseum
Neapel

Das Gemälde vereinigt verschiedene Episoden aus der Sage um Iphigenie, die Tochter Agamemnons, die als Opfer angeboten wurde, um den Erfolg des Zuges nach Troja zu gewährleisten. Im Zentrum des Bildes sieht man das Mädchen, das von Odysseus und Diomedes mit Gewalt zur Opferstätte geschleppt wird. Ihr Vater bedeckt betroffen sein Gesicht, während der erschrockene Kalchas sich abwendet. Oben ist die Göttin Artemis dargestellt, die auf ihrer Wolke das Mädchen erwartet, das auf dem Rücken jener Hirschkuh heranreitet, das sie ihm zur Rettung geschickt hat.

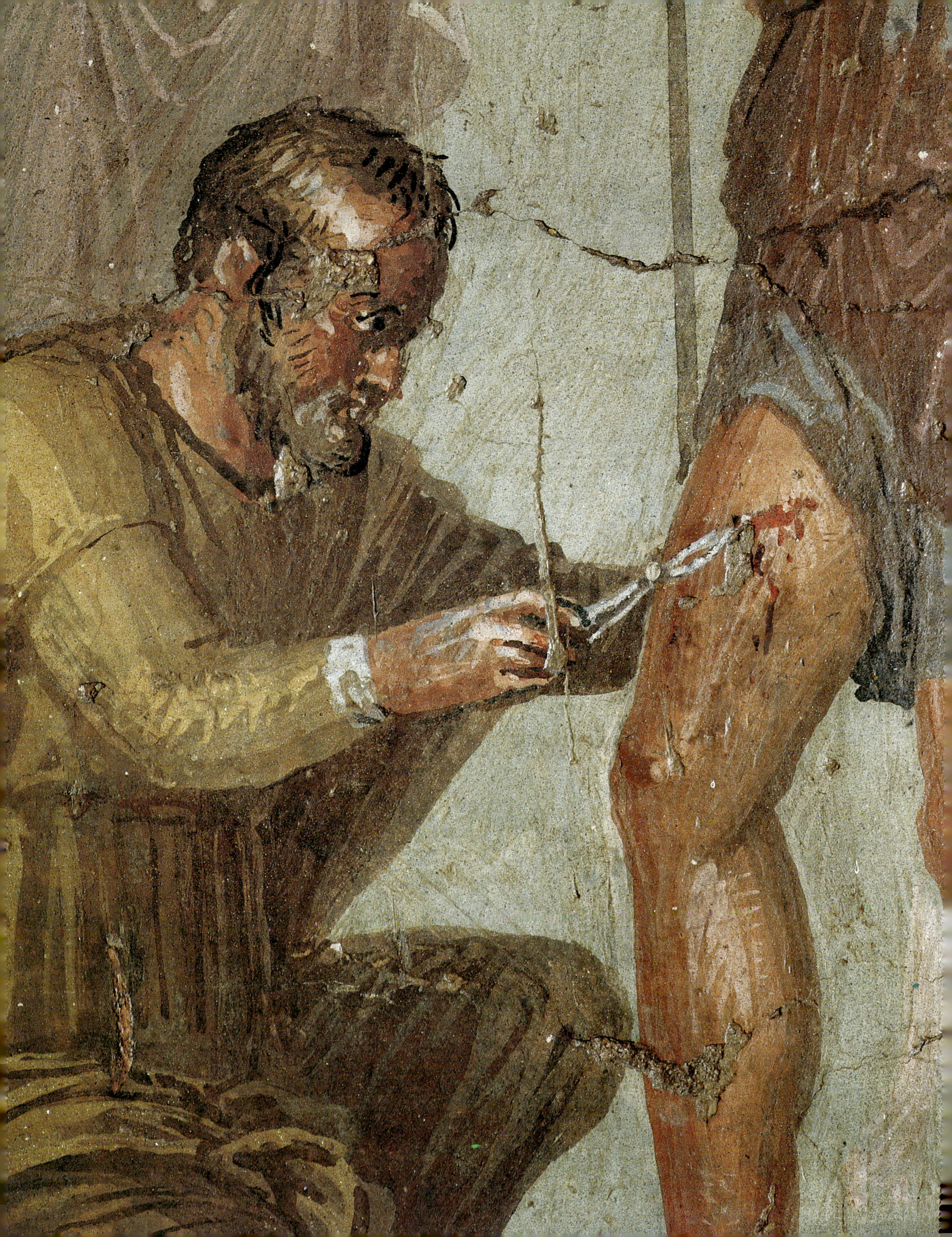

Wäscherei untergebracht sowie eine Betriebsstätte für die Verarbeitung landwirtschaftlicher Erzeugnisse. Im Haus der Figurenkapitelle nebenan wird im Peristyl eine Weberei eingerichtet, und im Haus VI, 13, 6 sowie in Häusern mit säulengeschmückten Obergeschossen (VI, 12, 1-5) finden nun Textilwerkstätten ihren Platz. Das Haus des Sallust in seiner schlichten Schönheit wurde in eine Art von Hotel verwandelt, das Haus mit dem verwundeten Bären in ein Wirtshaus, und das Haus V, 1, 15 schließlich in ein Bordell, um nur einige wenige Beispiele zu nennen.

Die Wohnungsnot und der Zuzug zahlreicher Handwerker in die Stadt aufgrund der Anforderungen für den Wiederaufbau und die Vergrößerungen führt zu einer Verknappung von Mietwohnungen und erklärt wiederum den hektischen Ausbau von Obergeschossen und den ungewöhnlichen Zuwachs von Beherbungsbetrieben bis auf schließlich vierundvierzig, was doch wirklich beträchtlich ist bei einer Einwohnerzahl von wahrscheinlich nicht mehr als zwölftausend.

Man hat auch kleine, auf die Fassaden gemalte Anzeigen für Vermietungen an ausdrücklich zu Mietzwecken umgebauten Häusern gefunden. So verkündet ein solcher Hinweis, den man in jenem Block entdeckt hat, in dem sich auch das Haus des Pansa befindet (VI, 6), eines der größten der samnitischen Zeit: „Vom ersten Juli an sind in diesem Häuserblock, der einst dem Arrius Pollio gehörte und heute im Besitz des Gnaeus Alleius Nigidius Maius ist, Läden mit einem Zwischenstock zu vermieten, herrschaftliche Appartments im Obergeschoß und weitere Wohnungen. Man wende sich an Primus, den Diener des Gnaeus Alleius Nigidius Maius." Ähnlich lautete eine im der Julia Felix gehörenden Häuserblock (II, 4) aufgemalte Anzeige. „Im Besitztum der Julia Felix, der Tochter des Spurius, sind vom 13. August an von besten Kreisen besuchte Thermen, Läden, Zwischenstöcke und Appartments im ersten Stock auf fünf Jahre zu vermieten. Vom sechsten Jahr an verlängert sich der Mietvertrag aufgrund stillschweigenden Einverständnisses."

Dieser „Baukomplex", in dem ein privat genutzter Wohnbereich mit Läden und Anlagen zur öffentlichen Nutzung – Thermen, einem Schwimmbecken und Sportanlagen, diese beschränkt auf Ballspiele – verbunden ist, ist außerordentlich modern. Die Apsis des *Calidariums*, mit großen verglasten Fenstern zum Garten hin wie bei den Vorstadtthermen, belegt, daß von nun an die römische Architektur die Qualität des Wohnsitzes völlig jener der Umgebung und den ästhetischen Werten der Landschaft unterordnet. Denn diese großen Fenster hatten den Nachteil erheblichen Energieverlustes an diesen Stätten, die die Aufrechterhaltung hoher Temperaturen verlangten. Aber da nun einmal der optische Einbezug der

Der verwundete Äneas

Fresko im IV. Stil,
45 x 48 cm
Pompeji, Haus des Siricus
Archäologisches Nationalmuseum
Neapel

Der verletzte Äneas umfängt mit einem Arm seinen weinenden Sohn Askanios, während der Wundarzt Iapyx ihm den Pfeil aus der Wunde zieht. Im Hintergrund eilt Venus, begleitet von zwei trojanischen Kriegern, zum Schutze des Äneas herbei. Der Trojanische Krieg ist ein bevorzugtes Thema der pompejanischen Wandmalerei.

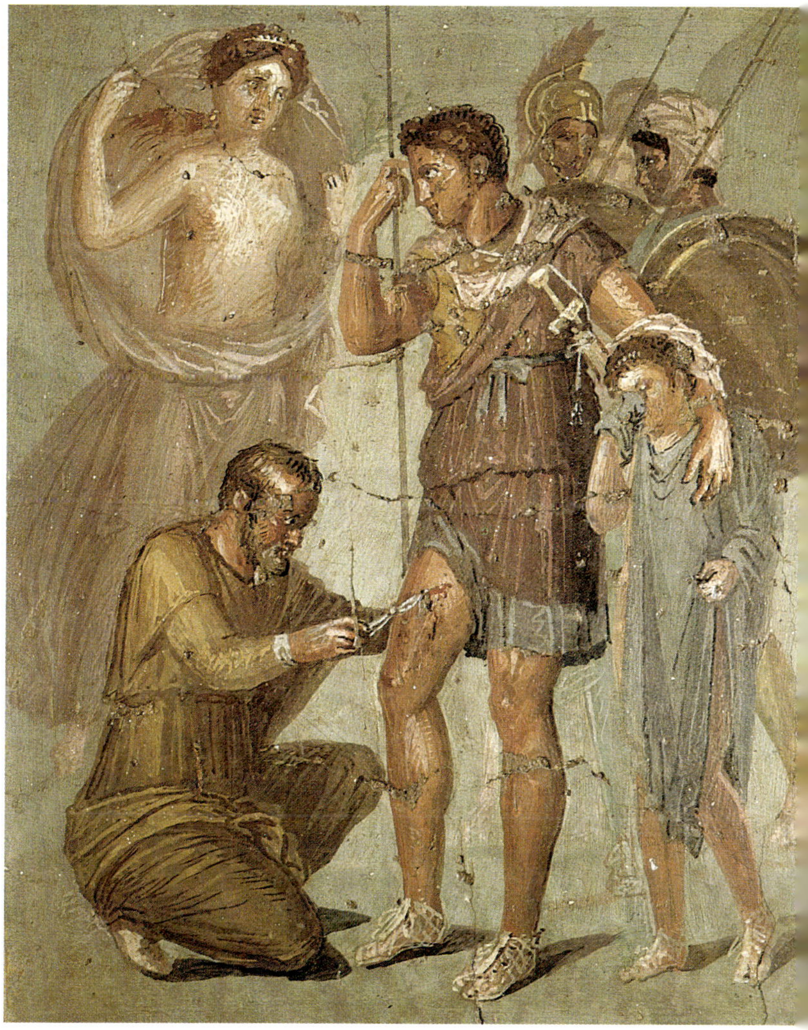

Natur unerläßlich geworden war, wurde ein solcher Verlust als notwendiger Luxus betrachtet. Im privaten Wohnbereich der Gesamtanlage säumt ein langer Portikus mit Marmorpilastern den Garten, in dem ein von kleinen Brücken überspannter Kanal fließt, bei dem man Höhlungen ausgespart hat, um den Fischen darin die Fortpflanzung zu ermöglichen.

Der Garten sollte, gestaltet als Isisheiligtum, mit seinen Ausschmückungen, Brunnen und Statuen (darunter einer Terrakottafigur eines der sieben Weisen des Altertums, des Pittakus von Mytilene) dem kultivierten Besucher eine gepflegte Atmosphäre bieten und als idyllische Landschaft zugleich zu religiöser Meditation anregen; er lag dem Triklinium mit einem mit Marmor ausgekleideten Nymphäum gegenüber. Hinter dem portikusgesäumten Garten erstreckte sich eine große Grünfläche. Im „Gastronomiebereich" gab es einerseits einen, wie wir heute sagen würden, Schnellimbiß (*Thermopolium*), andererseits ein gepflegtes Restaurant mit einem Angebot verschiedener Menus, zu deren Einnahme man sich auf gemauerten Bänken um gleichfalls gemauerte Tische niederlassen konnte; Speisebetten in gleicher Ausführung erlaubten auch die Veranstaltung von Banketten.

DIE SOMMER-TRIKLINIEN

Zu einem der bestimmenden Elemente der Privatarchitektur wurde inzwischen das gemauerte Triklinium, das mehr und mehr in den Gärten oder im Freien angelegt wird. Wie bei den Nymphäen geht es hier darum, in den Rahmen eines Stadthauses die Atmosphäre einer Villa auf dem Lande einzubeziehen. Ausgehend vom *Stibadium*, jenem einfachen ländlichen Ruheplatz, der in der hellenistischen Welt und in Alexandrien sehr verbreitet war, eroberte es rasch Pompeji, wo das milde Klima das Leben unter freiem Himmel fast das ganze Jahr über erlaubt. Unter Einbezug des Luxus der Nymphäengrotten werden diese Stätten für Freiluftgelage oft in unmittelbarer Nachbarschaft von Wasserspielen angelegt.

Im reichen Haus des Epheben wurde dieses Sommertriklinium, des Nachts erhellt durch eine von der Bronzefigur eines Jünglings gehaltene Fackel, angelegt unter einer von Säulen getragenen Pergola. Die Bronzefigur einer Nymphe ergoß unmittelbar vor den drei Ruhe- oder Speisebetten aus einer Muschel das Wasser in eine kleine Kaskade. Die traumhafte Atmosphäre wird verstärkt durch Wandmalereien mit Darstellungen einer Jagd auf wilde Tiere, überschwemmter Niluferlandschaften als Hinweis auf die dadurch bewirkte Fruchtbarkeit und die Szene eines sich unter dem Beifall der Umstehenden vereinigenden

Zephyr und Chloris

Fresko im IV. Stil,
189 x 243 cm
Pompeji, Haus des Schiffes
Archäologisches Nationalmuseum
Neapel

Paares. Im Haus des Octavius Quartio ist zwischen die beiden Speisebetten des *Bicliniums* vor eine angedeutete Grottenrückwand ein Brunnen gesetzt, aus dem das Wasser in den Kanal fließt, der mit den ihn säumenden Statuen und einer kleinen Isiskapelle an Ägypten erinnern soll.

Im Haus des Neptuns und der Amphitrite in Herculanum enthält das Sommertriklinium einen mit marmornen Theatermasken geschmückten Nymphäenbrunnen. Auf der Rückwand stellt ein Mosaik aus Glasflußsteinchen in leuchtenden Farben den Meeresgott und seine Gattin Amphitrite dar.

Das Sommertriklinium war nicht nur ein Luxus, der eine sehr gezielte gesellschaftliche Repräsentationsaufgabe erfüllte; es war zudem eine sehr praktische Einrichtung, die sich auch mit wenig Aufwand anlegen ließ und nicht zuviel Platz im Garten beanspruchte. Daher entstehen nun Dutzende solcher Triklinien mit Pergola im Grünen, insbesondere in den Vierteln um das Amphitheater, wo die Wohnbereiche umgeben waren von Flächen, die als Rebenpflanzungen genutzt wurden oder für den Anbau von Blumen zur Parfümgewinnung. In der gleichen Gegend aber entstanden Triklinien, oft sozusagen nur taschentuchgroß, selbst in absolut bescheidenen und sogar sehr kleinen Häusern, wie etwa den gleichzeitig als Werkstatt dienenden Behausungen der Handwerker. Ihr ehemaliger Charakter als Ausdruck von ungewöhnlichem Luxus einiger weniger hatte sich also gewandelt, und zwar aus im wesentlichen wirtschaftlichen Gründen. Denn solche Triklinien ließen sich nun für Bankette vermieten und stundenweise an jene, die zum Beispiel zu Gladiorenspielen im nahen Amphitheater von weither angereist waren und dort nun Ruhe und Entspannung finden konnten.

Amazone

Fresko im IV. Stil,
89 x 79 cm
Aus Herculanum
Archäologisches Nationalmuseum
Neapel

Dieses Gemälde findet sich auf der linken Hälfte der Oberzone einer Wand. Der augentäuscherische Effekt will den Eindruck eines Fensters erwecken, das den Ausblick auf architektonische Perspektiven bietet. Auf der Balustrade sitzt eine Amazone mit einer Hiebwaffe und der *Pelta*, einem kleinen griechischen Stutzschild. Solche Architekturdarstellungen mit Personen sind eines der häufig wiederkehrenden Motive der in Einzelfelder aufgeteilten pompejanischen Wandmalereien.

DER AUFSTIEG ZUR MACHT: POPIDIUS CELSINUS UND JULIUS POLYBIUS

Die erheblichen finanziellen Mittel, über welche die Neureichen verfügten, und ihr Streben nach gesellschaftlicher Anerkennung reizten sie nun unvermeidlich zum Drang auch nach politischem Einfluß als natürlicher Erweiterung wirtschaftlicher Macht. Denn dieser konnte in der römischen Gesellschaft zur Erlangung eines hoch geachteten Ranges führen und durch das mit bestimmten Privilegien verbundene offizielle Amt aus dem Emporkömmling einen Honoratioren der Stadt machen.

Gerade für diese Epoche der pompejanischen Geschichte ist dieses Streben nach sozialem Aufstieg sehr charakteristisch, und zwei Persönlichkeiten bieten dafür ein besonders gutes Beispiel.

Theaterdekoration in Trompe-d'œil-Manier mit Perspektiven in sechs Ebenen
Fresko im IV. Stil,
198 x 132 cm
Aus Herculanum
Archäologisches Nationalmuseum
Neapel

Numerius Popidius Ampliatus war vormals Sklave im Besitz einer der ältesten Familien. Als Freigelassener stieg er dank seines erheblichen Vermögens zu einer der angesehensten offiziellen Stellungen auf: in das Amt eines *Ministers* der Fortuna Augusta. Das war eines der höchsten für ihn erreichbaren Ehrenämter, denn als nicht frei Geborenem blieben ihm der Zugang sowohl zum Magistrat (also der eigentlichen Stadtverwaltung) als auch zum Rat der Decurionen (dem Stadtrat) versagt. Da jedoch sein Geld für seine Mitbürger überaus nützlich sein konnte, fand man einen interessanten Kompromiß für seine Anerkennung als Mäzen. Er finanzierte nämlich im Namen seines Sohnes Numerius Popidius Celsinus den Wiederaufbau des beim Erdbeben von 62 völlig zerstörten Isistempels, und als Dank für die Großzügigkeit des Vaters nahmen die Stadträte durch Kooptierung den Sohn in ihren Kreis auf. Man könnte es bei der Erzählung dieser Geschichte hierbei bewenden lassen, wenn nicht erst die Erwähnung eines Details den eigentlichen Witz an der Sache erklären und außerdem die enge Beziehung zwischen politischer Macht und der Finanzierung öffentlicher Bauten beleuchten würde. Dieser Celsinus war nämlich bei seiner Ernennung zum Stadtrat ganze sechs Jahre alt und konnte wohl kaum etwas zur Lösung der städtischen Probleme beitragen. Aber durch diesen Schachzug sicherte sich der Stadtrat die Nutzung des beträchtlichen Vermögens des Ampliatus für öffentliche Zwecke im Gegenzug für den Aufstieg von dessen Nachkommenschaft in die pompejanische Aristokratie mit allen damit verbundenen Vorteilen und der daraus erwachsenden gesellschaftlichen Stellung.

Zu jener Zeit war ein Platz unter den Privilegierten, die ein öffentliches Amt in der Stadt bekleideten, trotz der damit verbundenen beträchtlichen Aufwendungen noch sehr begehrt. Aber da diese Aufwendungen ständig anstiegen, beklagte sich schon wenige Jahrzehnte später Plinius der Jüngere in einem an Kaiser Trajan gerichteten Brief darüber, daß es immer schwieriger werde, unter seinen Mitbürgern noch Leute zu finden, die bereit seien, das Amt eines Stadtrats zu übernehmen. Denn als die Decurionen unmittelbar verantwortlich wurden für die Eintreibung von Abgaben und mit ihrem eigen Vermögen für vollständige Abführung an die Zentralgewalt bürgen mußten, führte das fast zwangsweise zur Mitgliedschaft möglichst vermögender Leute in den Stadträten, mochten sie auch Freigelassene sein. Zur späteren Kaiserzeit dagegen bestand das entscheidende Privileg der Stadträte darin, zur Klasse der von städtischen Abgaben Befreiten zu gehören …

In Pompeji jedenfalls ist es in den letzten Jahren vor dem Vesuvausbruch von 79 noch ein begehrtes Privileg, dem aristokratischen Stadtrat anzugehören. Das wird auch bestätigt durch die zahlreich gefundenen Wahlaufrufe an Häuserwänden, welche als Zeugnis leidenschaftlich geführter Wahlkämpfe die Verdienste dieser oder jener Kandidaten rühmen, aber auch durch die gezielten Maßnahmen des Caius Julius Polybius für jeden Schritt seines politischen Aufstiegs. Sein griechischer und auf edle Abkunft deutender Name weist ihn aus als Abkömmling eines Freigelassenen des Kaisers Augustus, der wohl noch zu dessen Regierungszeit nach Pompeji gekommen war. Er bewohnte ein noch aus samnitischer Zeit stammendes ausgedehntes Haus mit zwei Atrien.

Dieses hatte er erworben als angemessenen Rahmen für einen großen Lebensstil, den er sich dank seiner geschäftlichen Erfolge leisten konnte. Man hat in diesem Haus eine umfangreiche Sammlung von Bronzegegenständen gefunden, die vom Luxus künden, mit dem sein Besitzer sich umgab. Zu den schönsten Stücken darunter zählen die archaisierende Statue eines Epheben als Lichtträger, ein weiter Krater mit einer mythologischen Szene als Dekoration und eine vom Peloponnes und vom Ende der archaischen Periode stammende Hydra als Spitzenstück einer Antiquitätensammlung, die schon zu damaliger Zeit als besonders wertvoll erachtet wurde.

Aber Polybius ist ein „Emporkömmling“, ein „Neureicher“, und um seinen Weg zur öffentlichen Anerkennung zu machen, muß er trotz seines Vermögens auch seine Ellbogen einsetzen. Wir können sein nachdrückliches Engagement in der Stadtpolitik während der ganzen Regierungszeit Vespasians verfolgen. Seiner Anhängerschaft, das heißt der Einflußmöglichkeiten auf eine große Zahl von Wählern sicher, knüpft er ein dichtes Netz politischer Verbindungen zu Leuten, die im städtischen Leben „zählen“. Mit großer Gewandtheit stellt er bei den jeweiligen Wahlen den einflußreichsten Leuten seinen Namen und seine Verbindungen zur Verfügung und unterstützt sie uneingeschränkt im Wahlkampf. Das erlaubt ihm dann schließlich, als die Chancen für eine eigene Kandidatur günstig sind, sich nun wiederum der Anhängerschaft jener zu bedienen, die er vorher als „Königsmacher“ unterstützt hatte.

Geschäftlich verbunden mit der Bäckerzunft, gibt er sich große Mühe für die Anerkennung durch die Aristokratie, indem er sich als feinsinniger Intellektueller darstellt, ohne damit jedoch seine Wählerschaft zu verprellen. Auf einem Wahlanschlag, der ein kleines Meister-

Triklinium mit Brunnen

1. Jh. n. Chr.
Herculanum, Haus des Neptuns und der Amphitrite
Archäologisches Nationalmuseum Neapel

stück der Diplomatie ist, bezeichnet er sich als *Studiosus et Pistor*, also Intellektuellen und Bäcker. Um die Unterstützung breiter Bevölkerungskreise zu gewinnen, zögert er nicht, aus seinem Vermögen nicht nur öffentliche Unternehmungen zu fördern, sondern höchstwahrscheinlich auch ganz direkt bestimmten Mitbürgern etwas zukommen zu lassen, worauf wohl folgender etwas zweideutiger Wahlanschlag schließen läßt: „Stimmt bei der Wahl zum Ädilen für Julius Polybius – er bietet gutes Brot!“

ZWEI EMPORKÖMMLINGE: DIE VETTIER

Aulus Vettius Conviva und Aulus Vettius Restitutus, wahrscheinlich eng miteinander verwandt, sind das typischste Beispiel jener Neureichen, die zu hervorragenden Stellungen in der pompejanischen Gesellschaft gelangt sind. Allzuviel wissen wir nicht über diese beiden Männer, wahrscheinlich Freigelassene, aber wir kennen ihren Wohnsitz, wohl den besuchtesten von Pompeji, der uns viel über sie und ihren Geschmack zu erzählen weiß. Das Haus der Vettier verschafft uns eine genaue Vorstellung von den Veränderungen, die damals in der pompejanischen Gesellschaft vor sich gingen, und zugleich von jener Schicht reicher Aufsteiger der letzten Stunde, die von Petronius in seinem *Satyricon* in der Gestalt des Trimalchio karikiert wird.

Die Vettier waren Kaufleute und Weinproduzenten und hatten vermutlich auch noch andere Einkünfte. In den Dekorationen des Anwesens sind die Attribute der Fortuna und des Merkurs allgegenwärtig. Am Eingang wird der Besucher von der Abbildung eines Priapos zur Abwehr des „bösen Blicks“ empfangen, dessen riesiges Glied auf der Schale einer Waage liegt, aufgewogen von einem prall gefüllten Geldsäckchen auf der anderen Schale. Zu seinen Füßen steht ein Korb mit Trauben und anderen Früchten, um den Reichtum des Bodens anzudeuten.

Der Nebeneingang des mit zwei Atrien versehenen Hauses der samnitischen Epoche wurde zugemauert, um im Obergeschoß kleine Räume für die Vermietung anzulegen. Neben der Küche diente ein kleines Zimmer der Prostitution. Euthychis, eine im Haus geborene Sklavin griechischer Abkunft, bot hier ihre Dienste für ein paar Münzen an. Kritzeleien am Eingang rühmen die Reize der jungen Frau und ihren günstigen Preis. Die Vettier nehmen jeden Gewinn mit, aus welcher Quelle er immer auch stammen mag, obwohl es ihnen wichtig ist, als kultivierte Leute mit feinen Sitten zu gelten.

Links, oben

Amoretten als Goldschmiede

Fresko im IV. Stil
Pompeji, Haus der Vettier

Links, unten

Apollo und Omphale

Ausschnitt
Fresko im IV. Stil
Pompeji, Haus der Vettier

Folgende Doppelseite

Phantasiearchitektur

Vielfarbige Stuckdekoration
im IV. Stil,
167 x 180 cm
Pompeji, Haus des Meleager
Archäologisches Nationalmuseum
Neapel

Oben

Mars und Venus als Liebespaar

Fresko im III. Stil,
253 x 150 cm
Pompeji, Haus des Kitharaspielers
Archäologisches Nationalmuseum
Neapel

Rechts

Bankett mit Kurtisane

Fresko im IV. Stil,
59 x 53 cm
Aus Herculanum
Archäologisches Nationalmuseum
Neapel

Es war in Pompeji eine traditionelle Sitte, die schon auf hellenistische Zeit zurückgeht, das Atrium mit Porträts der Besitzer auszuschmücken, so als wollten diese den Besucher begrüßen. Beispiele hierfür blieben in verschiedenen Häusern erhalten, so im noch aus samnitischer Zeit erhaltenen Patrizierhaus des Paquius Proculus, einem Stadtrat aus der alten pompejanischen Aristokratie. Dort findet sich ein Doppelporträt des Hausherrrn und seiner Gemahlin: Er hält in der Rechten eine Papyrusrolle, sie ist mit einem Griffel und einem Wachstäfelchen dargestellt. Die Botschaft ist klar – die Besitzer wollen sich (was ja durchaus der Wahrheit entsprechen kann) zeigen als gebildete Leute, die schreiben können und ausgeprägte Liebhaber literarischer Werke sind.

Liebesvorspiel

Fresko im IV. Stil,
31 x 31 cm
Pompeji, Haus des Meleager
Archäologisches Nationalmuseum
Neapel

Die Vettier ihrerseits ließen sich im Atrium ihres Hauses gleich mit Lorbeerkränzen auf dem Haupt darstellen, als seien sie Dichter oder Schriftsteller. Dabei verstanden sie sich vermutlich wie des Petronius Held Trimalchio, der Emporkömmling, wesentlich besser auf das Rechnen als auf das Schreiben. Die ganze irgendwie steife und großsprecherische Dekoration ihres Hauses zielt darauf ab, ihrem durch Geschäfte erworbenen Reichtum den Anstrich von Noblesse zu verleihen. Alles ist überladen mit gelehrten mythologischen Szene, mit Heroen und Musen und Dichterporträts und Darstellungen von Personen, die ihnen überhaupt nicht bekannt waren. Auf gleiche Art rühmt sich Trimalchio bei einem Bankett, zu dem er Schriftsteller sozusagen als „Tischdekoration" eingeladen hat, seiner Kenntnisse der Schriftsteller und Redner: Er weist auf seine beiden Bibliotheken hin, eine lateinische und eine griechische, und beteuert, selbst bei Tisch nicht auf Kultur verzichten zu können. Er läßt keine Gelegenheit zu Zitaten und Nacherzählungen alter Mythen aus, wobei er gleichermaßen Inhalte und Personen vermengt und verwechselt: Kassandra und Medea, Dädalus und Epeios. Wenn man im Haus der Vettier die nach einem komplizierten „Programm" verteilten Malereien nach Szenen aus der Mythologie und aus Tragödien betrachtet, kann man sich leicht vorstellen, wie die Vettier ihren Gästen aufs Geratewohl deren Bedeutung erklärten und dabei dem Helden des Petronius vielleicht sehr nahe kamen.

In der Dekoration des Trikliniums ist dann jedoch der Vergleich mit Trimalchio geradezu zwingend. Denn hier genügt es nicht mehr, seiner Kultur Ausdruck zu verleihen, sondern hier muß man dem Betrachter obendrein auch den Reichtum vor Augen führen, der eine solche Kultur erst ermöglicht. Und daher konnten sich im Triklinium im Haus der Vettier die Gäste anhand eines Frieses mit reizenden Amoretten auch über alle Aktivitäten informieren, denen der Reichtum der Hausbesitzer zu verdanken war. Der dafür jeweils eingeräumte Platz war offenbar je nach den daraus stammenden Gewinnen zugemessen. Um ja keinen Zweifel an der Bedeutung des Vermögens zu lassen, waren mitten im Atrium zwei große Geldtruhen mit Füßen aufgestellt, deren Boden aber vorsorglich auf gemauerten Sockeln ruht, damit er ja nicht durchbrechen kann.

Man kann also den Trimalchio nicht nur als Porträt der Vettier sehen, sondern als Personifizierung einer ganzen Klasse, die bei aller Gewöhnlichkeit zur Spitze aufstieg und in vielen Zügen jener glich, die Petronius darstellte.

Satyr und Hermaphrodit

Fresko im III. Stil,
51 x 56 cm
Aus Pompeji
Archäologisches Nationalmuseum
Neapel

Erotische Szene

Fresko, 1. Jh. n. Chr.
41 x 41 cm
Aus Pompeji
Archäologisches Nationalmuseum
Neapel

BUNTE BILDERWELT DES ALLTAGS

Oben

Ibis

Fresko im IV. Stil,
82 x 56,5 cm
Aus dem Isistempel in Pompeji
Archäologisches Nationalmuseum
Neapel

Links

Landschaft mit Heiliger Pforte

Ausschnitt
Fresko im IV. Stil,
102 x 126 cm
Aus dem Isistempel in Pompeji
Archäologisches Nationalmuseum
Neapel

Der ungeheure Reichtum an Informationen, den das einmalige Phänomen Pompeji uns liefert, erlaubt es uns, nicht nur die Geschichte der Stadt in vielen Details kennenzulernen, sondern auch das tägliche Leben ihrer Bewohner, so als ob diese aus tausendjährigem Schlaf erwacht wären und uns nun mit ihren eigenen Worten berichten würden von ihren Leidenschaften und Hoffnungen, ihrem Sehnen und Trachten und all den Sorgen, die sie bewegten. Welche Fülle an Dokumentationen des bunten Alltagslebens und der wechselnden Situationen menschlichen Daseins ist unter der bergenden Asche bewahrt worden und verschafft uns so ein getreues Bild von Sitten und Gewohnheiten einer Gesellschaft, die sich natürlich unterschied von der unsrigen, aber ihr doch auch in so vielen Zügen und den oft völlig gleichen Problemen der Menschen sehr ähnlich ist. Um mit den Freuden und Beschwernissen der seinerzeitigen Bewohner Pompejis vertraut zu werden, müssen wir uns lediglich aufmerksam beschäftigen mit den auf uns gekommenen Zeugnissen der verschiedensten Aspekte jenes Lebens, das vor zwei Jahrtausenden im zugleich schützenden wie drohenden Schatten des Vesuvs ablief.

RELIGION, MAGIE UND ABERGLAUBE

Die offizielle Religion hatte in der römischen Welt einen im wesentlichen öffentlichen und formalen Charakter und war weit mehr eine Angelegenheit der Politik als eine Sache persönlicher Gefühle. Es ging

Oben

Der Isistempel in Pompeji
1. Jh. n. Chr.

Rechts

Zeremonie des Isiskultes
Fresko im IV. Stil,
80 x 85 cm
Aus Herculanum
Archäologisches Nationalmuseum
Neapel

dabei vor allem um gesellschaftliche Riten mit feststehenden Regeln und eine bestimmte Abfolge von Handlungen und Gesten, an die man sich getreulich halten mußte, damit sie nicht unwirksam wurden. Das Gebet beschränkte sich auf ein Gelübde, und ein Weiheopfer wurde sozusagen zum Tauschgeschäft mit der Gottheit in einer ganz bestimmten Situation. Der Kult der Kapitolinischen Dreiheit hatte genau wie dann der Kaiserkult eine vor allem politische Funktion, nämlich die eines geistigen Bandes zwischen den vielen Städten und Provinzen der römischen Welt.

Philosophische Spekulationen hatten für die gebildeten Schichten der Bevölkerung die griechische Götterwelt als Schwindel entlarvt. Das wachsende Interesse an Kulten aus dem Orient – dem des Dionysos oder seiner phrygischen Entsprechung Sabazios oder auch der Großen Mutter – ist unter diesem Blickwinkel nicht weiter erstaunlich. In Pompeji war neben dem Kult der Venus Physica, der Schutzherrin der Stadt und Verkörperung der altitalischen Göttin der Lebenskraft der Natur, dem des Merkurs als Beschützer von Handel und Verkehr und dem des Dionysos/Bacchus, Gottes des Weins und der Ekstase, auch der Isiskult verbreitet. Ägyptischen Ursprungs und nach Kampanien aufgrund der engen Beziehungen zu Alexandria gelangt, beeindruckte er Herz und Geist jener, die sich von Initiationsriten angezogen fühlten oder sich nach innerem Frieden und der Aussicht auf ein ewiges Glück nach dem Tode sehnten. Man hat in einigen reichen Häusern Pompejis der Isis geweihte Kapellen und Tempelchen gefunden, die Isis-Bruderschaft war eine mächtige Institution, und der Isistempel nahe beim dreieckigen Forum war das einzige vom Erdbeben des Jahres 62 betroffene öffentliche Monument, das vollständig wiederhergestellt wurde.

Die großartige Mysterienvilla liefert uns mit ihren riesigen Wandmalereien zu dionysischen Themen im Spiegel der künstlerischen Allegorien zahlreiche Informationen über die geheimen Riten des Dionysoskultes. Dieser war in republikanischer Zeit ausdrücklich untersagt, und man durfte niemanden neu in die Mysterien dieses Kultes einführen; dennoch wurden sie heimlich gefeiert, und zwar insbesondere in den Häusern der Aristokratie.

Die Verehrung der Hausgötter war für alle selbstverständlich, und entsprechende Weihe- und Opferhandlungen waren Sache des *Pater familias* als Wahrers der liturgischen Traditionen seiner Familie. Verehrt wurden dabei die Laren als Geister der Vorfahren, die Penaten als Wächter über die Harmonie des Familienlebens und auch der *genius* des Hausherrn persönlich, die Lebenskraft des Familienoberhauptes, oft dargestellt in der Form einer Schlange. In jedem Haus barg ein Lararium Statuetten oder andere Darstellungen der häuslichen Schutzgötter, und jeweils vor dem

Links

Die Göttin Isis empfängt Io in Kanopus in Ägypten

Ausschnitt
Fresko im IV. Stil,
150 x 137,5 cm
Aus dem Isistempel in Pompeji
Archäologisches Nationalmuseum
Neapel

Unten

Kopf der Göttin Isis

Marmor, 1. Jh. n. Chr.
Höhe: 30 cm
Aus dem Isistempel in Pompeji
Archäologisches Nationalmuseum
Neapel

Rechts

Der Kitharaspieler

Fresko im III. Stil,
56 x 60,5 cm
Aus Pompeji
Archäologisches Nationalmuseum
Neapel

Unten

Die Töchter des Leukippos beim Knöchelchenspiel

Malerei auf Marmor von Alexandros aus Athen
Frühes 1. Jh. n. Chr.
42 x 89 cm
Aus Herculanum
Archäologisches Nationalmuseum
Neapel

Essen wurde ihnen ein kleiner Anteil der Speisen und Getränke geopfert. Bei großen Familienereignissen wie einer Hochzeit, einer Geburt oder auch dem Tod eines Angehörigen versammelte sich die ganze Hausgemeinschaft um das Lararium.

Mehr noch als die Religion übte der Aberglaube starken Einfluß auf die Gemüter aus, insbesondere in den ärmeren Schichten. Der Glaube an das *Fascinum*, die unheilvollen Folgen des bösen Blicks, war überall verbreitet, und gerade auch in wohlhabenden Kreisen war man emsig darum bemüht, mit allerlei Vorkehrungen diese schlimmen Folgen entweder zu vermeiden oder sie auf einen anderen abzulenken. *Oscilla*, kleine marmorne Maskendarstellungen zur Abwehr dieses Fascinums, wurden zwischen den Säulen des Peristyls aufgehängt, wie das zum Beispiel das Haus der goldenen Amoretten zeigt. *Bullae*, oft goldene Medaillons, hing man zum gleichen Zweck den Kindern um den Hals. Die Hauptrolle aber spielte der Phallus, gewöhnlich in vollplastischer Ausführung in den Eingängen von Häusern und Läden angebracht, der als Zeichen für die Lebenskraft der Natur besonders in einfacheren Kreisen das geschätzteste Instrument zur Abwehr böser Einflüsse war. Aber manche Häuser stellte man auch unter den Schutz der Fortuna oder den des Herkules, des „guten Gottes".

Auch der Magie verschrieben sich schon die Pompejaner: Man fand Gefäße zur Herstellung von Liebes- und anderen Zaubertränken und auch sogenannte *Defixiones*, schmale, von einem Nagel durchbohrte Holzstreifen, die man, versehen mit dem Namen jener Person, die man zur Hölle wünschte, verscharrte.

WAHLKAMPFPROPAGANDA

Jeden März nahm die ganze Stadt lebhaftesten Anteil an dem heftigen Wahlkampf, den sich die Bewerber um die Magistratsämter lieferten. Nachdem der Stadtrat sich vergewissert hatte, daß die entsprechenden Leute tatsächlich über das notwendige Vermögen verfügten, das Voraussetzung für ihre Wählbarkeit war, traten diese Kandidaten – deren Bezeichnung auf die von ihnen getragene Toga *candida*, also ein fleckenloses weißes Gewand als Symbol für die Lauterkeit ihres Lebens zurückging (sozusagen die sprichwörtliche „weiße Weste") – auf dem Forum vor das Volk und verkündeten dort vom *Suggestum*, der Rednertribüne aus ihr Wahlprogramm. Alljährlich wurden zwei Duumvirn und zwei Ädilen gewählt; die ersteren waren als Bürgermeister Hüter des Stadtvermögens und auch für die Rechtsprechung zuständig, die letzteren für die öffentlichen Finanzen. Wählen konnten nur freie, männliche und großjährige

Die Musikanten

Ausschnitte
Mosaik im I. Stil von Dioskurides aus Samos
43 x 41 cm
Aus der Villa des Cicero in Pompeji
Archäologisches Nationalmuseum Neapel

Oben

Der Königsdarsteller

Fresko im III. Stil,
39 x 39 cm
Aus Herculanum
Archäologisches Nationalmuseum Neapel

Rechts

Lustspielszene: Besuch bei der Zauberin

Mosaik im I. Stil,
42 x 35 cm
Aus der Villa des Cicero in Pompeji
Archäologisches Nationalmuseum Neapel

ΔΙΟΣΚΟΥΡΙΔΗΣ ΣΑΜΙΟΣ ΕΠΟΙΗΣΕ

Brot, Nüsse und Oliven, die unter der Asche vom Vesuvausbruch erhalten blieben

Pompeji, 79 n.Chr.
Archäologisches Nationalmuseum
Neapel

Bürger; aber am Wahlkampf beteiligten sich alle, auch Frauen und Sklaven, indem sie für diesen oder jenen Bewerber Stimmung machten. Alle Mittel waren erlaubt, und rasch bedeckten sich die Wände der Stadt mit Wahlaufrufen, in denen oft einfache Bürger ihrer jeweiligen Vorliebe Ausdruck verliehen, nachdem erst einmal, wie üblich, die beiden Bewerber für das jeweilige Amt, die vorher entsprechende Vereinbarungen für ein Wahlbündnis miteinander getroffen hatten, ihr gemeinsames Programm vorgestellt hatten. Die Kandidaten und ihr Wahlkampfstab setzten natürlich auf derartige Initiativen im Bemühen um die Stimmen möglichst vieler Wähler, die sie für sich und ihre Sache zu gewinnen hofften und denen sie sehr handfeste Argumente präsentierten wie etwa Hinweise auf schon erwiesene oder für die Zukunft zu erwartende Großzügigkeit.

Gewöhnlich rühmten solche Wahlanschläge die moralischen Qualitäten bestimmer Bewerber oder erinnerten an deren Verdienste oder die von ihnen bewältigten Aufgaben. Aber es gab auch zahlreiche Empfehlungen für Ablehnungen, wie etwa Anschläge von Bewohnern des Forumsviertels, in denen nachdrücklich davor gewarnt wurde, einen gewissen Cerrinius Vatia zu wählen. Darin wurden dessen Parteigänger bezeichnet als „stumpfsinnige Schlafmützen", „lasterhafte Nachtschwärmer", „Hühnerdiebe", „entlaufene Sklaven", ja selbst als „Totschläger". Man scheute dabei auch nicht vor persönlicher Gehässigkeit zurück, wie eine Inschrift beweist, in der jemand mit feiner Ironie den mit großer Mehrheit gewählten Paquius Proculus der Homosexualität und des Exhibitionismus zeiht, oder eine andere, die Unmut mit der Entscheidung der Wähler ausdrückt: „Die blökende Herde hat Proculus zum Ädilen gewählt, obwohl dafür doch eigentlich die Würde der Rechtschaffenen und der Respekt vor dem Amt erforderlich gewesen wären."

Die Gewählten mußten auf eigene Kosten ein öffentliches Gebäude errichten lassen oder Spiele ausrichten und selbstverständlich aus eigener Tasche den ganzen Apparat bezahlen, der für das Funktionieren der städtischen Verwaltung erforderlich war. Aber die einjährige Amtszeit berechtigte dazu, auf Lebenszeit in den Stadtrat aufgenommen zu werden, das eigentliche Machtorgan, das Beschlüsse faßte und die Verwaltung kontrollierte. Die Mitglieder des Stadtrats hatten dann bestimmte Privilegien teils eher formaler Natur (wie etwa die besten Plätze bei Theatervorstellungen), teils durchaus auch wirtschaftlich interessant, wie etwa kostenlose Zuleitung und Nutzung von Wasser in ihren Privathäusern oder bevorzugte Berücksichtigung bei der Verteilung von Geschenken; außerdem durften sie nicht zu entehrenden Strafen verurteilt werden.

Brotverkäufer

Fresko aus dem 1. Jh. n.Chr.,
62 x 53 cm
Aus dem Haus eines Bäckers in
Pompeji
Archäologisches Nationalmuseum
Neapel

SPIELE UND AUFFÜHRUNGEN

Die große Zahl armer oder doch wirtschaftlicher schwacher Stadtbewohner zwang die Magistratsbeamten, gewisse „Sicherheitsventile" gegen das Aufkommen sozialer Spannungen zu schaffen. Eine wesentliche Rolle spielten in diesem Sinne Spiele und sonstige Veranstaltungen. Die gewählten Amtsträger waren zur Finanzierung entweder von öffentlichen Bauten oder von Spielen verpflichtet, und das ist ja ausreichend Beleg dafür, daß die Veranstaltung solcher Spiele als wichtige öffentliche Aufgabe betrachtet wurde. In Grabinschriften mancher pompejanischer Würdenträger wird mit besonderer Betonung die Großartigkeit der von ihnen veranstalteten Spiele hervorgehoben. Im gleichen Sinne bestätigen auch Wandkritzeleien die große Begeisterung der Bevölkerung für jene, die ihnen Gladiatorenspiele ausrichteten. Andere Inschriften dieser Art beinhalten kleine Skizzen der Gladiatoren mit Nennung ihrer Namen oder Siege oder den Ergebnissen bestimmter Spiele und sind damit eine Art von „Sportchronik in Bildern". Überdies fand man zahlreiche Ankündigungen von Veranstaltungen im Amphitheater, sowohl in Pompeji selbst als auch in seinen Nachbarstädten, woraus man schließen darf, daß schon damals die „Fans" ihren Lieblingen von Stadt zu Stadt folgten. In diesen „Veranstaltungshinweisen" werden die jeweils aufeinandertreffenden Gladiatorenpaare genannt, aber auch Kämpfe mit wilden Tieren angekündigt unter Erwähnung der Tatsache, daß ein aufgespanntes Sonnensegel den Besuchern Schatten spende. Die von der Menge gefeierten Gladiatoren wurden von den Frauen sehr umschwärmt, und nicht selten rühmen sie sich auf den Wänden Pompejis ihrer Siege nicht nur in der Arena, sondern auch auf dem Feld der Liebe ...

Auch die Leute vom Theater, vor allem die Pantomimen, waren regelrechte Stars, und der Schauspieler Parides muß in Pompeji sogar ein Superstar gewesen sein: Er hatte einen richtiggehenden Fanclub, die „Paridiani" , und deren Graffiti sind besonders häufig unter den Inschriften zum Ruhme bestimmter Schauspieler und Sänger, die zumeist Freigelassene waren. Die Formaliensucht der Römer zeigt ein eigenes Gesetz, das die Theater zwang, genaue Listen über die Platzverteilung nach Einzelkategorien zu führen. Ein außerordentlich begehrtes Privileg war es, in der *Proedria*, den ersten Reihen gleich an der Bühne, sitzen zu dürfen; es war den Stadträten vorbehalten und an ein eigenes Dekret gebunden. Es war also sichtbarer Ausdruck für eine errungene Stellung, wofür man vielfach sehr viel Geld aufgewendet hatte, und öffentliche Bestätigung des Ranges in der Hierarchie.

Getreidemühlen

1. Jh. n. Chr.
Pompeji, Bäckerei des Popidius Priscus

Die Mühlen aus Basalt von Roccamonfina bestehen aus einem bikonischen, sanduhrförmigen ausgehöhlten Oberteil, dem *Catillus*, das auf dem Unterteil, einem konischen Block, gedreht wurde; dieser ist fest auf einem gemauerten Sockel befestigt. Das in die obere Aushöhlung geschüttete Korn wurde zwischen den Steinen zerrieben, das Mehl wurde in einem Behältnis unten aufgefangen.

Stilleben mit Obstschale

Ausschnitt
Fresko im IV. Stil,
74 x 234 cm
Aus dem Haus der Julia Felix in
Pompeji
Archäologisches Nationalmuseum
Neapel

In Pompeji begeisterte man sich aber auch an den *Pilicrepi*, Ballspielern, die man in den Gymnasien (Sportanlagen) bei den Thermen bewundern konnte. Auch beschäftigte man sich mit einer Art von Schachspiel, und von den Glücksspielen waren die Würfelspiele die beliebtesten. Eine Inschrift berichtet von einem hohen Gewinn, den in Nocera ein Mann aus Pompeji gemacht habe; da er betont, er habe nicht geknausert, um das zu schaffen, dürfen wir darauf schließen, daß es nicht wenige Tavernen gegeben haben wird, in denen man dem Glücksspiel frönte. Im übrigen hat man auch gefälschte Würfel gefunden, in die Blei gegossen worden war.

ESSEN UND TRINKEN

Große mehrgängige Speisefolgen mit allem Drum und Dran waren mehr oder weniger den nächtlichen Banketten vorbehalten, die bei Fackelschein in den luxuriösen Triklinien stattfanden. Zwischen den Vorspeisen und dem Nachtisch, der aus mancherlei Gebäck und Obst bestand, kamen als Hauptgerichte Fleisch und Fisch auf den Tisch. Am meisten Verwendung fand neben Geflügel Schafs- und Schweinefleisch. Auch Wild war sehr geschätzt: In den Wäldern am Fuße des Vesuv jagte man Hasen, Hirsche, Wildschweine und Fasane. Das Fleisch wurde gekocht, geschmort oder gebraten und fast immer gespickt oder gefüllt. In den Küchen Pompejis fand man Knochen verschiedener Tiere als Reste in Pfannen oder in der Kohlenasche. Meist wurde das Fleisch gewürzt, und als Beilage gab es gewöhnlich *Garum*, eine Art von salziger und sehr aromatischer Fischsoße, die man aus kleinen Fischen gewann, wobei man die entsprechende Masse in der Sonne gären ließ und dann durch ein Sieb strich.

Fische, darunter solche mit sehr feinem Fleisch wie die Seezunge und auch die Muräne, und Krebstiere fanden sich häufig auf dem Speisezettel der Pompejaner. In Lagerräumen am Hafen stieß man auf zahlreiche Geräte für den Fischfang. Meeresfrüchte, insbesondere Seemuscheln und andere Muschelarten, wurden als Appetithappen gereicht. Man verzehrte sie beim Spaziergang in den Alleen des Gartens, wie die bei einer neueren Ausgrabung gefundenen überall dort verstreuten Schalen beweisen.

Einem Hausbesitzer, der oft Gäste in seinem Triklinium empfing, schien es angemessen, dort einige Empfehlungen anschreiben zu lassen:

„Wasch dir mit dem Wasser die Füße, ein Diener wird sie dir anschließend trocknen. Leg auf deinen Platz ein Tuch und bemüh dich, keine Flecken auf unser Leinentischtuch zu machen … Unterlaß das Herum-

Stilleben mit Hase, Früchten und Vögeln

Ausschnitt
Fresko im IV. Stil,
41 x 129 cm
Aus Herculanum
Archäologisches Nationalmuseum
Neapel

schäkern mit der Frau eines anderen und mach ihr keine schönen Augen. Bemühe dich um einen höflichen und anständigen Gesprächston ... Widersprich deinem Nachbar nicht und vermeide unschöne Streitereien – wenn du das kannst. Wenn nicht, solltest du dich besser entfernen und nach Hause gehen."

Außerhalb solcher Gastereien waren die Mahlzeiten eher bescheiden und bestanden aus einer Vor- und einer Hauptspeise. Kohl, Zwiebeln und Knoblauch wurden im Umland reichlich angebaut und waren weit bekannt. Das einfache Frühstück bestand lediglich aus Brot und etwas Käse und allenfalls irgendwelchen Resten vom Vorabend. Im Laufe des Tages nahm man meist außerhalb des Hauses etwas zu sich, und zwar in den zahlreichen Garküchen oder Stehimbissen, die kleine Speisen wie Würste oder gebackenen Fisch feilboten. Man konnte aber auch bei Straßenhändlern Krapfen, Waffeln und anderes, stets mit Honig zubereitetes Gebäck kaufen. Zum Braten von Speisen verwendete man Speck oder Öl.

Da es damals weder Tee noch Kaffee noch harte Schnäpse gab, kam als einziges belebendes Getränk der Wein in Frage, der je nach Tageszeit mehr oder weniger stark mit Wasser verdünnt wurde. Im Winter servierte man ihn heiß, im Sommer gekühlt mit Schnee, den man auf den Bergen gesammelt und in tiefen Erdgruben aufbewahrt hatte. Solche „Eiskeller" waren jedoch eine eher seltene Besonderheit. Das Getränk wurde jeweils mit Honig gesüßt, und man konnte süßen Wein, „Strohwein" und Retsina-Wein kaufen. Man unterschied die jeweiligen Weinsorten nach ihrer Herkunft. Obwohl der Wein von Pompeji ein wichtiger Wirtschaftsfaktor für die Stadt war und stark exportiert wurde, hatte er doch den Ruf, längere Lagerung nicht gut zu vertragen, was auch seinen Preis drückte.

Oben

Stilleben mit Vögeln und Pilzen
Ausschnitt
Fresko im IV. Stil,
37 x 154 cm
Aus Herculanum
Archäologisches Nationalmuseum
Neapel

Rechts

Stilleben mit Fischen
Fresko im IV. Stil,
37 x 43 cm
Aus Pompeji
Archäologisches Nationalmuseum
Neapel

LIEBE, LASTER, LEIDENSCHAFTEN

In Pompeji, der Venus geweiht, wird die Liebe in all ihren Formen besungen, gefeiert und auch praktiziert. Neben die zahlreichen Malereien in den Schlafgemächern, welche die körperliche Vereinigung zeigen, treten die auf Häuserwände gekritzelten Botschaften, in denen sich junge Liebende ihrer Zuneigung versichern oder ihre Sehnsucht ausdrücken. In zeitlosen Versen beschwören hier Gelegenheitsdichter ihre Leidenschaft für die angebetete Frau oder die Vergeblichkeit ihrer Liebe, und Passanten ergänzen sie durch Kommentare oder anteilnehmenden Zuspruch.

Auch die Eifersucht nimmt als alle Zeiten beherrschendes Gefühl ihren Platz in diesen Graffiti ein. Hier verlacht man einen Gehörnten, dort bedauert man ihn; gelegentlich äußert sich einer selbst und zerbricht

Oben

Öllampe

Terrakotta, 1. Jh. n. Chr.
Höhe: 7 cm
Aus Pompeji
Archäologisches Nationalmuseum
Neapel

Rechts

Tintinnabulum

Bronze, 1. Jh. n. Chr.
Länge: 21 cm
Aus Herculanum
Archäologisches Nationalmuseum
Neapel

Ein *Tintinnabulum* sollte durch den Klang seiner Glöckchen böse Geister vertreiben. Es wurde am Eingang von Häusern oder Läden aufgehängt. Der Phallus war ein Glückssymbol und sollte vor dem „bösen Blick" schützen oder dessen Wirkung auf andere ablenken.

sich den Kopf nach einer Lösung seines Problems; anderswo wiederum kommt der heftige Streit zweier Männer um die Gunst einer Wirtshausbedienung zum Ausdruck; an anderen Stellen lehnen andererseits Frauen, ob nun noch sehr jung oder doch gerade aus Erfahrung, gewagte Anträge ab. Andere aber, wohl eher Expertinnen dieses Gebiets, nennen rückhaltlos ihre Bedürfnisse oder loben einen Liebhaber oder geben auch ihrer Enttäuschung Ausdruck, wenn ein Abenteuer nicht hielt, was es versprach. Selbst Matronen aus besten Kreisen verbergen nicht ihre Schwärmerei für diesen oder jenen Gladiator.

Auf erotischem Gebiet gab es in Pompeji keine Tabus. Sowohl männliche als auch weibliche Homosexualität waren alltäglich, und auch an der Pädophilie nahm man keinen Anstoß, ebensowenig wie an Liebesspielen zu dritt oder viert. Am Eingang spezieller Etablissements forderten die Männer die dortigen Mädchen ungeniert auf, erst einmal ihre Reize zu zeigen. Ein älterer Mann kündigt an, daß er eine Gefährtin für die folgenden Jahre sucht und versichert, ihr genügen zu können. In Häusern, wo Sklaven gehalten werden, werden zu ihnen zählende Mädchen oder Knaben regelmäßig zur leichten Beute der Besitzer und ihrer Angehörigen. Vor den Toren der Stadt sprechen Prostituierte die Passanten an und verschwinden mit ihnen hinter den die Straße säumenden Grabmonumenten. Andere bieten für ein paar Münzen im Wert eines Brotleibs oder eines Bechers Wein ihren Körper in Bordellen an, wobei die Einnahmen in die Taschen ihrer Besitzer wandern. Selbst die Damen der Aristokratie können nicht immer dem Reiz des Geldes widerstehen, wenn es dann natürlich auch um ganz andere Summen geht, und manche Frauen von großer Schönheit, elegant und kultiviert, verdrehen den reichen Pompejanern die Köpfe. Aber auch Männer geben sich der Prostitution hin; in einer Inschrift preist sich einer als Liebhaber selbst für Jungfrauen an.

Eine ganze Menschenwelt tut sich auf den Mauern Pompejis vor unseren Augen auf mit Hunderten von Namen und den sich damit verbindenden Liebesgeschichten und -affären und auch daraus resultierenden Enttäuschungen. Und auch ganze Hochzeitszüge sehen wir samt den Glückwünschen der Gäste vor uns, wenn wir die Heiratsanzeigen lesen und die Glückwünsche für die Jungvermählten.

Aber Liebe ist ja auch etwas Dauerhaftes, und so preisen viele Inschriften auch Treue und Maß und den heiter-gelassenen Lauf des Lebens zu zweit, wie die beiden nebeneinandergesetzten Namen auf den Stufen zum Ehebett. Auch das ist Pompeji: der ungebrochene Pulsschlag des Alltagslebens über zwei Jahrtausende hinweg, dessen schwaches und doch so beständiges Echo uns bis heute bewegt und verzaubert.

Folgende Doppelseite

Links

Priapische Öllampen

Terrakotta, 1. Jh. n. Chr.
Höhe: 11,6 cm
Aus Pompeji
Archäologisches Nationalmuseum Neapel

Priapus, Sohn des Dionysos und der Aphrodite, ist der Gott der Fruchtbarkeit.

Mitte

Kleine phallische Gefäße

Terrakotta, 1. Jh. n. Chr.
Höhe: 9,5 cm
Aus Pompeji
Archäologisches Nationalmuseum Neapel

Kuchenverkäufer

Bronze und Silber, 1. Jh. n. Chr.
Höhe: 25,4 cm
Aus dem Haus des Epheben in Pompeji
Archäologisches Nationalmuseum Neapel

Rechts

Priapische Öllampe

Bronze, 1. Jh. n. Chr.
Höhe: 22 cm
Aus Pompeji
Archäologisches Nationalmuseum Neapel

SCHLUSSWORT

Paquius Proculus und seine Gemahlin
Fresko im IV. Stil,
65 x 58 cm
Aus Haus VII, 2, 6 in Pompeji
Archäologisches Nationalmuseum
Neapel

Seit dem 18. Jahrhundert üben die Ruinen von Pompeji einen mächtigen Einfluß aus auf Kultur und Geschmack der westlichen Welt. Dichter, Schriftsteller und berühmte Reisende, Maler, Zeichner und Fotografen, Musiker und Filmschaffende wurden leidenschaftlich bewegt vom Schicksal dieser Stadt und brachten in ihren Werken die verzaubernde Atmosphäre zum Ausdruck, die den Geist bei der Begegnung mit ihren Ruinen erfaßt.

Die ausgegrabenen Überreste, die Malereien mit ihren berühmten Rottönen, die Dekorationen mit ihren Grotesken und das Mobiliar der Häuser hatten als entscheidende Zeugnisse bei der Wiedererweckung der Vergangenheit großen Einfluß auf den Geschmack der jüngeren Geschichte. Wenn man durch die Straßen der Stadt geht oder in Wohnsitze, Läden und Werkstätten eintritt, kann man sich weder dem bewundernden Staunen über den Reichtum dieser Kultur entziehen noch einer gewissen Melancholie angesichts der Vergänglichkeit und Anfälligkeit der Dinge.

In Pompeji blieben nicht derart bedeutende Bauten erhalten wie etwa die ägyptischen Pyramiden oder die großen griechischen Tempel, die ganze Epochen prägten, und auch nicht unbedingt Meisterwerke der Kunst allerersten Ranges. Die unter den Vesuv hingeduckte Stadt zeigt uns vielmehr bescheidene Läden und große und kleine Häuser in beständigem Wandel, Gegenstände des Alltagslebens und anspruchsvolle Möbel. Aber hinter ihren Mauern und durch diese gewöhn-

lichen Dinge vermittelt sie uns lebendig ganz unmittelbar und uneingeschränkt Geist und Lebensgefühl einer Gesellschaft. Aber Pompeji kann uns noch mehr geben: das Bewußtsein dafür, daß die Menschheit unablässig auf der Suche nach sich selbst ist, sich zu allen Zeiten ihrer Geschichte mit den gleichen Problemen herumschlägt und geprägt ist von stets gleichen Bestrebungen und dem gleichen Wunsch nach Selbstbestätigung.

Pompeji war und ist vor allem immer eines: Bezugspunkt für den Menschen. Der von früher zeigt sich nackt und ohne Geheimnisse dem heutigen. Dieser hat, wenn er jenen in all seinen Ausprägungen und Äußerungen als Verkörperung der Antike betrachtet, Anlaß zum Nachdenken über sich selbst, über seine Gefühle und seine Leidenschaften, die unvermeidlich von Geschehnissen der Vergangenheit beeinflußt sind. Aber der Unterschied zwischen diesen beiden Menschen ist so groß nicht. Die Lebenserfahrung bleibt über alle Zeiten hinweg die gleiche; die Formen seiner Behausung und die Umstände, unter denen sie erbaut wird, ändern sich, nicht aber die Gefühle des Menschen, der sie bewohnt.

„Es gibt nichts Neues unter der Sonne!" stellte man vor nunmehr auch schon mehr als zweitausend Jahren fest. Durch das Wunder der Entdeckung Pompejis können wir das tägliche Leben des Menschen der Antike mit den Händen greifen. Durch alle Zeiten unwandelbar *idem et alius*, gleich wenn auch verschieden – das ist die Botschaft, die Pompeji uns übermittelt, indem es unserer Zeit den unaufhörlichen Lauf des Lebens zeigt.

Oben

Tanzende Mänade und Satyr

Einlegearbeit aus mehrfarbigem Marmor
1. Jh. n. Chr.
23 x 67 cm
Aus Haus VII, 4, 31-51 in Pompeji
Archäologisches Nationalmuseum Neapel

Rechts

Scheinarchitektur mit Säulen und Tür

Ausschnitt
Fresko im II. Stil,
Mittelbild, 337 x 169 cm
Aus der Villa des Fannius Synistor in Boscoreale
Archäologisches Nationalmuseum Neapel

Region I
- 4,a Haus des Kitharaspielers
- 6,b Haus des Kryptoportikus
- 7,c Haus des Paquius Proculus
- 10,d Haus des Menander

Region II
- 2,a Haus des Loreius Tiburtinus
- 3,b Haus der Venus
- 4,c Haus der Julia Felix
- 6,e Amphitheater
- 7,d Palästra

Region V
- 1,a Haus des Caecilius Jucundus
- 2,b Haus der Silberhochzeit
- 4,c Haus des M.L. Fronto
- 5,d Haus der Gladiatoren

Region VI
- 1,a Haus des Chirurgen
- 2,b Haus des Sallust
- 6,f Haus des Pansa
- 8,g Haus des tragischen Dichters
- 9,c Haus des Meleager
- 12,h Haus des Fauns
- 14,i Haus des Orpheus
- 15,d Haus der Vettier
- 16,e Haus der goldenen Amoretten

Region VII
- 1,a Stabianische Thermen
- 1,b Gasthof des Sittius
- 2,c Haus des Bären
- 2,d Haus des Gaius Rufus
- 2,e Backöfen
- 4,f Fortunatempel
- 5,g Forumsthermen
- 8 Forum
- 8,h Jupitertempel
- 8,i Markthalle (Macellum)
- 8,l Apollotempel
- 8,m Gebäude der Eumachia

Region VIII
- 2,b Venustempel
- 3,a Comitium
- 4,b Haus des Cornelius Rufus
- 4,c Dreieckiges Forum
- 4,d Großes Theater
- 4,e Odeon
- 4,f Gladiatorenkaserne

- **A** Mysterienvilla
- **B** Villa des Diomedes
- **C** Villa des Cicero
- **D** Gräberstadt

STADTEINTEILUNG UND BEZEICHNUNGEN

Ein fremder Besucher, der in das antike Pompeji kam, hätte ziemliche Mühe gehabt, ein bestimmtes Haus zu finden, denn er hätte dessen Standort nur ungefähr bezeichnen können und dann in der Nähe nachfragen müssen.

Denn in der Antike waren exakte Adressenangaben wie heute nicht üblich; man mußte sich begnügen mit allgemeinen Hinweisen wie etwa die Nachbarschaft eines bestimmten öffentlichen Bauwerks oder Platzes oder das jeweilige Stadtviertel.

So fand man an einer Wand in Pompeji folgende Empfehlung einer offenbar sehr gefragten Dame aus Nocera: „Frag in Nocera nach Novella Primigenia, im Viertel der Venus, nahe der Porta Romana!“ Ein Besucher mußte sich also zu ihr durchfragen, aber das dürfte kein Problem gewesen sein: Man lebte eng beieinander, und jeder kannte jeden, zumindest vom Sehen und dem Namen nach. Nachbarschaftliche Beziehungen, die, wie wir gesehen haben, schon im Wahlkampf und in der Politik allgemein eine wichtige Rolle spielten, waren für das ganze soziale Leben äußerst wichtig. Sie waren das Fundament für gegenseitige Hilfe und Unterstützung, für ein Bewußtsein von Solidarität und auch ein gewisses Gefühl der Sicherheit und funktionierten nach ungeschriebenen, aber in der Gemeinschaft fest verankerten Regeln.

Durch Inschriften sind uns die Namen von zwei Stadttoren Pompejis überliefert, nämlich der Porta Salina und der Porta Urbulana, die

Prozession mit Ferculum

Fresko, 1. Jh. n. Chr.,
66 x 75 cm
Von der Fassade der Werkstatt VI, 7, 8
in Pompeji
Archäologisches Nationalmuseum
Neapel

Rechts

Niluferszene

Fresko im IV. Stil,
75 x 127 cm
Aus dem Peristyl des Hauses VIII, 5, 24
in Pompeji
Archäologisches Nationalmuseum
Neapel

Die in der pompejanischen Malerei sehr verbreiteten Niluferszenerien haben oft einen karikierenden Zug.

mancher Straßen und Gebäude, vor allem aber die der einzelnen Stadtviertel. Diese Viertel hatten eine wichtige Funktion auch als Verwaltungseinheiten, so insbesondere als Stimmbezirke bei den Wahlen. Die Bezeichnungen dieser Viertel (und entsprechend die ihrer Bewohner) ergaben sich aus der jeweiligen geographischen Lage: Die *Urbulanenses* wohnten im Bezirk an der Porta Urbulana, heute Porta di Sarno genannt, die *Salinienses* nächst der Porta Salina, der heutigen Porta di Ercolano; die *Campanienses* in der Gegend der Porta Capuana, später Porta di Nola genannt, die *Forenses* in der Nähe des Forums und des danach genannten Tores, der heutigen Porta Marina. Die *Pagani* schließlich waren die Bewohner des Pagus Augustus Felix Suburbanus, der außerhalb der Mauern gelegenen Vorstadt.

Erfordernisse der wissenschaftlichen Systematik veranlaßten im neunzehnten Jahrhundert Giuseppe Fiorelli zur Einteilung des antiken Stadtgebiets in neun *Regiones* (Viertel, Regionen), jede wieder unterteilt in *Insulae*, also allseits von Straßen begrenzte Häuserblocks (eine Ausnahme bildet hier nur die *Insula occidentalis*), die in der jeweiligen Ausgrabungsfolge numeriert wurden. Innerhalb dieser Wohnblöcke sind dann die einzelnen Häuser wieder ihrerseits numeriert. Wenn ein Häuserblock noch nicht vollständig freigelegt wurde, wurden einzelne Häuser zur vorläufigen Kennzeichnung mit einem Buchstaben (a, b ...) belegt. Die Markierung VII, 4, 48 bedeutet also, daß es sich hier um Haus 48 in Block 4 der Region VII handelt.

Die nach der Ausgrabung den einzelnen Häusern beigelegten Namen beziehen sich nur selten auf die tatsächlichen (und auch nicht immer mit absoluter Sicherheit festgestellten) Besitzer wie beim Haus der Vettier oder dem Haus des Lucretius Fronto. Weit häufiger gehen sie auf dort gemachte Funde zurück (Haus des Fauns, Haus des Epheben, Haus der indischen Statuette), auf bestimmte Ereignisse, die mit ihrer Ausgrabung zusammenfielen (Haus der Jahrhundertfeier, Haus der Silberhochzeit), auf bestimmte architektonische oder stilistische Besonderheiten (Haus des Säulen-Obergeschosses, Haus der Vier Stile) oder schließlich auf bestimmte Gemälde oder Porträts an ihren Wänden (Haus des Menander, Haus des Orpheus).

POMPEJI
ALS KULTURELLES
ERBE

Pompeji ist ein lebender Organismus nicht nur deshalb, weil in seinen Straßen noch immer der Herzschlag der Antike zu spüren ist, sondern auch, weil neben der verschütteten Stadt auch wieder ein modernes Gemeinwesen entstand. Nicht zuletzt aber sind täglich Hunderte von Menschen damit beschäftigt, weitere Ausgrabungen vorzunehmen und die ausgegrabenen Stätten zu sichern und zu bewachen, sich um Unterhalt und Verwaltung zu kümmern und schließlich den über eineinhalb Millionen Besuchern jährlich den Zugang zu ermöglichen.

Aber Pompeji ist auch ein gleichermaßen sehr ausgedehnter und sehr empfindlicher Organismus, der die Aufmerksamkeit und Zuwendung von Spezialisten und den Einsatz aufwendiger Techniken erfordert.

Die Stadt wurde nicht mit der bewußen Absicht erbaut, die Jahrhunderte zu überdauern. Die Häuser wurden aus billigen Materialien errichtet und erfuhren immer wieder Veränderungen, und die Malereien wurden etwa in jeder Generation einmal renoviert. Wir stehen heute vor der schweren Aufgabe, diese kostbaren Reste so lange wie nur irgend möglich zu bewahren, ohne sie leblos werden zu lassen, indem wir sie aus ihrem Zusammenhang reißen.

Heute liegt, insbesondere nach dem schweren Erdbeben von 1980, das zu erheblichen Schäden führte, das Schwergewicht der Arbeiten auf der Erhaltung und überwiegt neue Ausgrabungstätigkeit. Dabei geht es weniger um Einzelbauten als um Erhaltung und Restaurierung ganzer Viertel, wobei die architektonische Gesamtstruktur gleichermaßen zu berücksichtigen ist wie etwa Dekorationen und Gärten. Das Forschungsprogramm konzentriert sich seit längerer Zeit auf die Wohnblöcke im südöstlichen Stadtgebiet. In den fünfziger Jahren ausgegraben, sind sie bisher nur teilweise wissenschaftlich erforscht worden und auch der Öffentlichkeit am wenigsten bekannt, obwohl sie von entscheidender Bedeutung für das Verständnis der Stadtanlage insgesamt sind.

Archäologische Grabungen sind heute wahre Laboratoriumsarbeit. Der Archäologe braucht die Unterstützung durch andere Wissenschaftler, um sich ein exaktes Bild von dem verschaffen zu können, was er da ausgräbt. Man untersucht kleine Kohleteilchen, um das beim Bau verwendete Holz zu bestimmen; man analysiert in den Töpfen gefundene Spuren, um festzustellen, was diese tatsächlich enthielten; man macht Abdrücke von Aushöhlungen, welche bestimmte Wurzeln hinterlassen haben, und Pollenanalysen, um herauszufinden, welche Pflanzen man damals in den Gärten zog und wie diese angeordnet waren; man untersucht menschliche Gebeine mit dem Ziel, Aufschlüsse über Ernährungsgewohnheiten oder auch das Auftreten bestimmter Krankheiten zu bekommen, und Tierknochen, Küchenabfälle und andere Dinge, die man lange Zeit für bedeutungslos hielt, um sich ein Bild machen zu können über die Agrarlandschaft im Sarnotal und an den Hängen des Vesuvs; kurz: Man ist auf vielen Wegen darum bemüht, eine Vorstellung von den Lebensgewohnheiten der damaligen Zeit zu gewinnen.

Stilleben mit Pfirsichen

Ausschnitt
Fresko im IV. Stil,
33 x 119 cm
Aus Pompeji
Archäologisches Nationalmuseum
Neapel

Mit Hilfe der Datenverarbeitung und sehr genauer Bestimmungs- und Bewertungsmethoden geht man den Beziehungen zwischen Wand- und Bodendekorationen nach oder jenen zwischen den Motiven der Malerei und der Bestimmung der jeweiligen Räume. Forschungen gelten auch den Beziehungen zwischen den Abmessungen bestimmter Räume und ihrer jeweiligen Funktion, und auch vergleichende Untersuchungen zum Einsatz bestimmter Materialien für ganz bestimmte Aufgaben tragen dazu bei, sich nach und nach ein immer genaueres Bild zu machen vom gesellschaftlichen und wirtschaftlichen Umfeld der verschiedenen Bevölkerungsschichten und von deren Verteilung auf die jeweiligen Stadtviertel.

Pompeji verstehen zu lernen, es in seinem Wesen zu begreifen, seine verschiedenen Komponenten zu erfassen, es als stets gefährdetes Ensemble behutsam zu bewahren und im Sinne dieser Bewahrung seine Botschaft weiterzuverbreiten – all das ist ein Liebesdienst und eine große Aufgabe für den Menschen von heute – als Verpflichtung nicht nur gegenüber dem Menschen von einst, sondern vor allem gegenüber dem Menschen der Zukunft.

FREMDWÖRTERVERZEICHNIS

Alae: zum Atrium offene Räume beidseits des *Tablinums*
Atriensis: Türhüter
Bulla: um den Hals der Kinder getragenes Amulett
Calidarium (Caldarium): Warmbaderaum in den Thermen
Capitolium: römischer Stadttempel, geweiht dem Jupiter, der Juno und der Minerva (= Kapitolinische Dreiheit)
Cardo: Hauptverkehrsstraße einer Stadt in Nord-Süd-Richtung
Cartibulum: Marmortisch am *Impluvium*
Caupona: Schenke, Wirtshaus, auch Gasthof
Cavea: Zuschauerraum im Theater oder Amphitheater
Cella: Innenraum des Tempels mit dem Götterstandbild
Cenaculum: kleine Wohnung im Obergeschoß
Clientes: Personen in einem Abhängigkeitsverhältnis
Compluvium: rechteckige Öffnung im nach innen geneigten Atriumdach zum Auffangen des Regenwassers im *Impluvium*
Decurionen: Mitglieder des Stadtrats
Diaeta: Aufenthalts-, Erholungs-, Ruheraum
Dominus: Hausherr
Doryphoros: Speerträger
Eurypos: kleiner Kanal im Garten
Exedra: Art von Salon unter freiem Himmel, Gesprächs-, Gesellschaftsraum, oft mit Apsis
Familia: Gesamtheit von Angehörigen und Gesinde, der Autorität des Hausherrn unterstehend
Fascinum: der „Böse Blick" und das dadurch herbeigeführte Unheil
Frigidarium: Raum für kalte Bäder
Genius: Naturkraft in jedem menschlichen Wesen, die aber auch Plätzen, Dingen und sogar Handlungen innewohnen kann
Gens: Sippe, Familienverband
Grotesken: feine Dekorationsmotive mit phantastischen Tier-, Pflanzen- und Menschendarstellungen
Gymnasium: Sportanlage, Sporthalle
Impluvium: rechteckiges Becken in der Atriummitte zur Aufnahme des durch das *Compluvium* zugeführten Regenwassers; darunter Zisterne
Insula: Häuser-, Wohnblock
Lapilli: kleine poröse Steinchen, aus dem Vulkan geschleudert
Lychnophoroi: bronzene Fackelhalter, Lichterträger
Macellum: Markt, Markthalle
Magister: Art von „Distriktsvorsteher" für ein Stadtviertel
Negotiator: Kaufmann, Geschäftsmann, auch Reeder
Negotium: wirtschaftliche Tätigkeit, politisches Amt
Nymphäum: Grotte mit Wasserspielen, auch große Brunnenanlage
Oecus: Empfangssalon, auch Speisesaal
Opus vermiculatum: Mosaik mit Figuren oder geometrischen Mustern aus winzigen farbigen Steinchen (1–5 mm)
Opus sectile: Mosaikarbeit aus kleinen Marmorstückchen oder -plättchen mit figürlichen oder geometrischen Motiven
Oscillum: kleine Marmormaske, die man zur Abwendung des *Fascinum* aufhängte
Otium: Muße und jede Tätigkeit, die nicht dem Erwerb oder der Pflicht galt – Studium, Meditation, Gespräch, Schreiben
Paradeisos: (gemalter) Garten mit wild lebenden Tieren
Parasta: Pilaster, Wandsäule
Pergula: Hängeboden, Zwischenstock, Galerie
Pictor imaginarius: auf Figuratives spezialisierter Maler
Pilicrepi: Ballspieler
Protomen: das Vorderteil eines Tieres darstellendes Flach- oder Hochrelief
Prodigium: wunderbares, zumeist aber schreckliches Ereignis
Proedria: Sitzreihen unmittelbar vor der Bühne, den Honoratioren vorbehalten
Regio: Stadtviertel (Region); auch Gebiet, Gegend
Scutulatum: Plattenboden mit perspektivisch wirkender Würfelmusterung
Stibadium: Ruhe-, Eßplatz im Freien
Suggestum: Rednertribüne
Surges (engl.): glühendheiße Gaswolken vulkanischen Ursprungs
Taberna: zur Straße offener Laden mit großer Auslage; auch Werkstatt oder Schenke
Tablinum: Empfangszimmer am Atrium gegenüber dem Eingang
Tabula picta: Tafelbild (im Gegensatz zum Wandbild)
Telamon: männliche Trägerfigur, Architekturelement als Stütze für Gesimse und Gebälk
Tepidarium: mäßig beheizter Thermenraum zum Aufwärmen vor dem Betreten des *Caldariums* oder *Frigidariums*
Thermopolium: Garküche, „Schnellimbiß" mit einem Angebot an Getränken und kleinen Speisen
Triklinium: Eßzimmer, -platz mit Speisebetten

AUSWAHLBIBLIOGRAPHIE

Grabstatue
Ende des 1. Jh. v. Chr.
Pompeji, Gräberstraße vor der Porta Nuceria

Eine grundlegende Zusammenstellung der umfangreichen Literatur über Pompeji bietet:

H.B. VAN DER POEL, *Corpus topographicum Pompeianum, Pars IV: Bibliography*, Rom 1977; eine Neubearbeitung durch J. de Waele mit einer thematischen Bibliographie, erstellt von A. Varone, soll in Kürze erscheinen.

ADAM, J.P.: *Degradation et restauration de l'architecture pompéienne*, Paris 1983

AZIZA, C.: *Le rêve sous les ruines*, Paris 1992

ANDREAE, B./ KYRIELEIS, H. (HG.): *Neue Forschungen in Pompeji und den anderen vom Vesuvausbruch 79 u.Z. verschütteten Städten*, Recklinghausen 1975

COARELLI, F./ LA ROCCA, E./ DE VOS RAAJMAKERS, M./ DE VOS, A.: *Pompeji – Archäologischer Führer*, Bergisch Gladbach 1990

CONTE CORTI, E.C.: *Untergang und Auferstehung von Pompeji und Herculaneum*, 8. Aufl. München 1964

EHRHARDT, W.: *Stilgeschichtliche Untersuchungen an römischen Wandmalereien von der späten Republik bis zur Zeit Neros*, Mainz 1987

ESCHEBACH, HANS: *Pompeji – Erlebte antike Welt*; 2. Aufl., Leipzig 1984

ETIENNE, R.: *Pompeji, la cité ensevelie*, Paris 1987

FRANCHI DELL'ORTO, L. (HG.): *Ercolano 1738–1988. 250 anni di ricerca archeologica*, Rom 1993

FRANCHI DELL'ORTO, L./ VARONE, A. (HG.): *Pompeji wiederentdeckt*, Rom 1993

GRANT, M.: *Pompeji – Kunst und Leben in Pompeji und Herculaneum*, 2. Aufl., München 1986

GRIMAL, P.: *Pompéi, demeures secrètes*, Paris 1992

JONGMAN, W.: *The Economy and Society of Pompeii*, Amsterdam 1988

KRAUS, T./ VON MATT, L.: *Lebendiges Pompeji*, Köln 1973/1977

LAURENCE, P.: *Roman Pompeii. Space and Society*, London/ New York 1994

MIELSCH, H.: *Die römische Villa: Architektur und Lebensform*, München 1987

REA, D.: *Die Fresken von Pompeji*, Herrsching 1989

SCHEFOLD, K.: *Die Wände Pompejis – Topographisches Verzeichnis der Bildmotive*, Berlin 1957

WALLACE-HADRILL, A.: *Houses and Society in Pompeii and Herculaneum*, Princeton 1994

ZANKER, P.: *Pompeji – Stadtbilder als Spiegel von Gesellschaft und Herrschaftsform*, Mainz 1988

ZEVI, F. (HG.) *Pompei 79*, Neapel 1979

ZEVI, F. (HG.) *Pompei, I/II*, Neapel 1979

This book is printed in
ITALY - Grafiche Zanini - Bologna